Birnstein/Lehmann · Phönomen Drewermann

Uwe Birnstein / Klaus-Peter Lehmann

Phänomen Drewermann

Politik und Religion einer Kultfigur

 Eichborn.

Zu den Autoren

Uwe Birnstein, geb. 1962, ev. Diplom-Theologe. Lebt mit Familie in Wathlingen (bei Celle), arbeitet als freier Journalist für Hörfunk und Zeitungen. Buchveröffentlichungen: *Neuer Geist in alter Kirche? Die charismatische Bewegung in der Offensive,* Stuttgart 1987; *Gottes einzige Antwort:* Christliche Fundamentalisten im Vormarsch, Wuppertal 1990 u.a.

Klaus-Peter Lehmann, geb. 1946, ev. Studentenpastor an der Technischen Universität Hamburg-Harburg, engagiert im jüdisch-christlichen Dialog, mehrere Studienreisen nach Israel, zahlreiche Veröffentlichungen in theologischen Zeitschriften, Mitglied des Kuratoriums von Aktion Sühnezeichen.

Die Deutsche Bibliothek − CIP-Einheitsaufnahme

Birnstein, Uwe:
Phänomen Drewermann: Politik und Religion einer Kultfigur / Uwe Birnstein; Klaus-Peter Lehmann. − Frankfurt am Main: Eichborn, 1994
ISBN 3-8218-0457-2
NE: Lehmann, Klaus-Peter:

© Vito von Eichborn GmbH & Co. Verlag KG, Frankfurt am Main, September 1994
Lektorat: Albert Sellner
Umschlag: Rüdiger Morgenweck
Gesamtherstellung: Fuldaer Verlagsanstalt, 36003 Fulda
ISBN 3-8218-0457-2
Verlagsverzeichnis schickt gern:
Eichborn Verlag, Kaiserstr. 66, D-60329 Frankfurt

Inhalt

Vorwort

Phänomenal: Da bringt ein Priester Kirche und Theologie in die Schlagzeilen der weltlichsten Medien; da bekennen sich unzählige Christinnen und Christen, denen der Glaube zur schweren Last geworden ist, neu zu Gott; da schreibt ein Geistlicher zigtausende Seiten und verkauft sie auch noch.

Zweifellos hat die jahrelange Aufmerksamkeit, die die deutsche Öffentlichkeit dem katholischen Theologen Eugen Drewermann geschenkt hat, etwas von einem Massenphänomen. Drewermanns Fernsehauftritte garantieren hohe Einschaltquoten, seine Vorträge in Akademien und Musikhallen, in Bierzelten und auf Kirchentagen ziehen Scharen von Kirchennahen und -fernen an – egal, ob Mann oder Frau, egal ob evangelisch oder katholisch geprägt.

Eugen Drewermann ist wahrhaft ein Mann der Superlative. Was ihm gelungen ist, bleibt anderen versagt. Seine Prominenz und seine astronomisch hohen Buchverkäufe sind wohlverdiente Lorbeeren für Standfestigkeit gegenüber dem katholischen Machtapparat und für jahrzehntelange Studien.

Die Presse hat in Eugen Drewermann einen modernen Ketzer entdeckt. »Rebell Drewermann: Gott ja – Kirche nein«, tönte der *Spiegel*, das Titelblatt geschmückt mit dem bibellesenden Priester vor den Flammen eines Scheiterhaufens. Eugen Drewermann selbst veröffentlichte einen Roman über den als Ketzer verbrannten Giordano Bruno, mehr eine märtyrerhafte Selbstinszenierung als historisch abgesicherte Biographie.

Die Bewegung um Drewermann hat etwas Kultisches. Er selbst tut viel dazu, um plakativ Aufmerksamkeit auf sich zu ziehen. »Jesus wollte diese Kirche nicht«, ist ein *Spiegel*-Gespräch überschrieben, in dem es um Jungfrauengeburt, Priesteramt und Abtreibung geht. Er kämpft gegen das »Sprechen in Sachen Gottes von oben herab« und engagiert sich »gegen Gesetze und für das Leben«, wie Zeitschriftenberichte schmissig überschreiben. Auch hat Drewermann die Frauen der Bibel als Vorbilder entdeckt und die Tiere als Opfer der Schöpfung schon lange. Dieser medial aufgebauschte Themenkatalog bewegt viele, besonders kirchenkritische Christen.

Mit Drewermann sind wir der Meinung, daß der Wind einer grundlegenden Reform der katholischen Kirche erst recht und der evangelischen nicht minder gut täte. Veränderungen erwarten wir ebensowenig wie der geschaßte Priester aus Paderborn von Kirchenvertretern, die gegenüber Kritik wenig Theologisches und viel Disziplinarisches zu sagen haben.

Trotzdem stimmt uns der populistische Zug in Drewermanns öffentlichem Wirken skeptisch. Wer in einer *BILD*-Kolumne Glaubenswahrheiten von sich gibt und seine Botschaft als Spruchsammlungen verbreitet, dessen vieltausendseitiges Werk ist offenbar ohne Verfälschung auf die Länge eines Losungswortes zu komprimieren. Drewermanns Synthese von Tiefenspychologie, Theologie, Anthropologie, Märchenforschung und Mythenergründung rechtfertigt sicher mehr als tausend Seiten Begründung, nicht aber Kondensate in Gestalt einfacher, medienwirksamer »Wahrheiten«. Vielleicht trägt Drewermanns Botschaft sogar vornherein eine Vereinfachung in sich, aufgrund derer er überhaupt erst zum (anti-)kirchlichen Medienstar avancieren konnte.

Drewermanns Erfolg hat sich verselbständigt: Unkritisch von seinen Anhängerinnen und Fans aufgenommen, steht seine an der Tiefenpsychologie orientierte Theologie in der Gefahr, zu einer Ideologie des privaten Glücks zu verkommen. Der Gelehrte, der gleichzeitig ein Poet sein möchte und scheinbar hochwissenschaftliche Werke veröffentlicht, gerät immer mehr in den Bann eines Teufelskreises: Gefangengenommen von dem eigenen theologischen Ansatz, ihn immer wieder durchdenkend und mit Zitaten aus anderen Religionen belegend, rückt er immer weiter weg von der Christenbasis. Die himmelt ihn an, verehrt ihn geradezu. Geschickt und wortgewandt stellt sich Drewermann in den Mittelpunkt dieser Fangemeinde; sich selbst als Prophet wähnend, läßt er seiner Anhängerschaft alle Interpretationen offen, wem sie denn nachfolgen soll: Christus oder dem »Jesus von Paderborn«, wie der *Stern* den Paderborner Rebell süffisant nannte.

Wer sich wirklich die Mühe macht, Drewermanns Werk theologisch zu analysieren, wird schwer um die Erkenntnis umhinkommen: Was hier im Gewand der Theologie und mit der Bibel in der Hand antritt, die

Welt zu verbessern, ist erstens nicht neu und hat zweitens wenig mit biblischem Glauben zu tun. Drewermanns mythisches Denken, vermischt mit den unsicheren Dogmen der Tiefenpsychologie, verfälscht das biblische Wirklichkeitsdenken in vielen Punkten zu einer schwammigen Innerlichkeits-Ideologie, die theologischen Kriterien nicht standhält.

Für uns als evangelische Theologen ist es eine unangenehme Vorstellung, den vatikanischen Glaubenshütern und ihren deutschen Mitläufern theologisch relevante Argumente für ihren Kampf gegen den abtrünnigen Priester zu liefern. Doch profiliertes protestantisches Paroli ist nötig, um die wichtigen Glaubensthemen von Drewermann zu befreien. Denn die Bibel hat mehr zu sagen, als sich der Poet und Mythologe Drewermann träumen kann.

Hamburg/
Wathlingen, im August 1994

Uwe Birnstein   Klaus-Peter Lehmann

I. Der Kult um Drewermann

Alle ahnen es, wenige können es glauben: Trotz Millionenauflagen wird der Paderborner Prophet wenig gelesen und kaum verstanden. Denn um seine Theorien im Land der unbegrenzten Möglichkeiten zwischen Theologie und Märchenkunde, zwischen Traumdeutungen und Psychologie zu verstehen, bedarf es mindestens eines abgeschlossenen Studiums der Psychologie, Theologie und vergleichender Religionswissenschaft, einer mehrjährigen Psychoanalyse sowie eines dreibändigen Fremd- und Fachwörterlexikons.

Trotzdem (oder gerade deshalb?) gehört Drewermann zu den beliebtesten und gefürchtetsten Menschen unseres Landes. Das liegt weniger an seinen Inhalten als an seiner Person: Drewermann stellt das ideale Identifizierungsobjekt für resignierende Menschen der postmodernen Ära dar, die sich im Dschungel der Sinnangebote nicht mehr zurechtfinden und kurz vor der Kapitulation auf dem Markt der religiösen Möglichkeiten stehen. Nach außen trägt Drewermann die Maske der Sicherheit und Kampfeslust – doch zwischen den Zeilen und in seinem Blick erkennen die Fans: Da leidet einer wie ich unter den Strukturen einer menschenfeindlichen Institution. Ob die Kirche, Staat, Firma oder Ideologie heißt, ist letztlich egal. Gesponsort von der geballten Macht der Medien, ist Drewermann zur Leitfigur eines unzufriedenen Mittelstandes emporgehoben worden – eine Funktion, die ihm selbst nach eigenem Bekunden gar nicht behagt. Doch die Rolle des Gurus der Gefrusteten steht ihm gut – obwohl er sie nicht mag, höchstens in positiver Lesart:»Ein Guru ist im indischen Raum exakt dasselbe, was im jüdischen als Rabbi bezeichnet würde: jemand, der ... anderen Menschen zum Weg wird.«[1] Hunderttausende pilgerten in den vergangenen Jahren zu seinen Vorträgen, Frauen zücken verzückt Märchenbücher, um sie vom Vorbild signieren zu lassen, und Theologiestudenten lassen sich durch eine vermeintlich hintersinnige, aber doch banale Hinterfragung der historisch-kritischen Bibelauslegung vom redlichen Theologietreiben abbringen, freiwillig, aber um den Preis der Unabhängigkeit. Denn die monotone, suggestive Art Drewermanns, zu reden, nimmt vielen Zuhörern die letzte Möglichkeit, sich innerlich von ihm zu distanzieren.

Zum heiligen Märtyrer deutscher Nation hochgespielt, fragen die wenigsten, was eigentlich die Faszination von Drewermann ausmacht. Ist es die schlaraffenlandartige Verheißung des irdischen Paradieses? Ist es der verträumt-vergeistigte Blick des Workaholics oder das zölibatär-heilige Image? Oder ist es nur die Zusage, durch den Kauf von Büchern, Eintrittskarten, Vortragskassetten, Videos und anderen Reliquien der Drewermann-Devotionalienindustrie Anteil zu bekommen am Heil, das die katholische Kirche ihren abtrünnigen Schäfchen versagen möchte?

Auf jeden Fall spielen in dem Phänomen des Drewermann-Kultes Begriffe wie Glück, Angst, Sünde, Märchen eine nicht zu unterschätzende Rolle: der Stoff, aus dem die Träume sind.

Drewermann kennt die Zauberformeln, die selbst gestandene Kirchenhasser und areligiöse Naturen von ihren Kuschelsofas und hinter ihren Demo-Plakaten weglockten. Seine Auftritte zwischen Flensburg und Füssen haben kultischen Charakter. Erinnerungen an biblische Szenen werden wach, Jesus in der Volksmenge, die ihn berühren möchte, um zu gesunden: eine perfekt inszenierte Show, Paradebeispiel für Religion im Medienzeitalter. Auftritte, die viele an das Wirken des Jesus von Nazareth erinnern.

Und siehe, aus allen Teilen der Stadt waren sie geströmt in die Sporthalle der kleinen Gemeinde. Und weder der Nieselregen noch das überfüllte Gotteshaus ließ sie erschaudern. Denn ER sollte die Bühne betreten, im blaurotgestrickten Pullover, wie einst, als er bei Thomas Gottschalks Plauderstündchen zu Gast war.

Und als ER ans Mikrophon trat, siehe: Kein Manuskriptblatt lag auf dem Pult, wie sonst bei den Schriftgelehrten üblich. Nein. Anderthalb Stunden blickte ER dem Volk in die Augen und erzählte davon, was sein und ihr Herz bewegt: Gott. Und die Angst.

Und wie ER so redete über den Sündenfall im dritten Kapitel des ersten Buches der Heiligen Schrift, da sprangen plötzlich sieben Siegel des Buches auf, und die JüngerInnenschar sah Adam und Eva vor sich, sah die Schlange im Altarraum kriechen und die Menschen versuchen.

Und ER rührte ihr Herz an, als ER sagte: »*Wir werden erst Menschen, wenn wir die Angst durch Vertrauen überwinden.« ER hielt ihnen den Spiegel vor, damit sie ihrer Unzulänglichkeiten, ihres Mißtrauens, ihrer Nöte gewahr würden. Doch sie murrten nicht, denn sie dachten: Hier floskelt kein Kleriker, dem die Bibel ein Schlagstock ist.*

Sie klebten an seinen Lippen, fast hundert Minuten lang, denn ER traute sich zu sagen, was sie schon lange ahnten: daß die biblischen Geschichten keine historischen Richtigkeiten bergen, sondern viel größere Wahrheiten meinen. Daß die Kirche unbarmherzig handele, wenn sie die Sünde zum Prinzip erhebt, statt die Angst in jedem Menschen zu erkennen. Daß selbst die Priester besetzt sind von Lebensangst, wenn sie immer wieder die frohe Botschaft zur Strafpredigt mißbrauchen.

Das alles nahmen sie begierig auf, von IHM, der fast regungslos vor dem Altar stand und eher wie ein pflichterfüllter Postangestellter denn als ein wortgewaltiger Prophet im eigenen Land erschien. Und sie fragten IHN nichts, denn es war klar: Die Antworten, die ER ihnen gegeben hatte, waren erschöpfend.

Und als er hinausging, wollten einige seinen Pullover berühren. Er ließ es geschehen. Sein Blick starrte geradeaus über die Köpfe des Volkes hinaus. Und als sie seine Bücher kauften, zu Hunderten, da dachten sie nicht daran, daß Jesus die Händler einst aus Tempel gescheucht hatte, sondern sie opferten begierig ihre Geldscheine.

Eine Szene, wie sie sich tausendfach abgespielt hat in den letzten Jahren: überfüllte Hallen, Kirchen, Akademiesäle, sogar Bierzelte; glücklich-ekstatische Gesichter, begeisterte Frauen und mittendrin: Drewermann im Strickpullover. Bis zu 100 Vorträge hält der »Jesus von Paderborn« (STERN) jährlich nach eigenen Angaben. Routinierte Monotonie erwartet das Publikum: eindringliche Worte, Sprache für die Herzen statt für die Köpfe. Mit dem Märtyrer-Mal gezeichnet, tritt Drewermann vor die Menschen. Nichts kann ihn aus der Ruhe bringen; seine Stimme klingt hypnotisierend wie die der Dschungelbuch-Schlange Kah. Eine Atmosphäre, die sich jeder Priester im Gottesdienst wünscht: leise, geisterfüllt, respektvoll.

Wessen Geist da weht, scheint offenbar zu sein; was da erzählt wird, klingt so wahr, rein und gut, daß jede kritische Nachfrage den Scheiterhaufen der Ketzerei weiter anfachen würde. Und der soll ja schließlich

abgeschafft werden. Und wenn Drewermann über die Mythen der In-
dianer erzählt, wie wichtig sie sind und wie wenig das rationale Denken
zur Seligkeit beiträgt – dann fragt keiner nach, ob es da nicht einen
eklatanten Widerspruch zwischen der intellektuellen Art Drewermanns
und seiner Forderung nach mehr Herzensdenken gibt. Selbst wenn er
fordert, die Christen müßten wieder »auf ›ägyptischere Weise‹ fromm
sein«[2], kommt niemandem in den Sinn, daß die Bibel gerade von der
zentralen Heilstat Gottes berichtet, sein Volk aus der Hand der Ägypter
befreit zu haben.

Statt sich den Luxus des eigenen Denkens zu leisten, lauschen Klassen,
Rassen und Geschlechter andächtig ihrem Propheten, berauschen sich
an seiner Fähigkeit, alle Kulturen dieser Welt unter einem weiten Hut
der Wahrheit zu vereinen. Die geschichtliche Inkarnierung der Weisheit
begibt sich für neunzig Minuten in die Endlichkeit eines neonbestrahl-
ten Vortragssaales, um Gottes Nähe zu verkünden: Wer seine Lehre
versteht, »hat die wirkliche Macht; er ist dem Königtum Gottes sehr nahe«[3]. Und wem das nicht reicht, konnte sich eine Zeitlang über eine Te-
lefonnummer der schweizerischen »Sex-Line« Drewermann-Texte zu jeder Tages- und Nachtzeit ins Haus holen.

II. Lebenslauf eines Prinzen

Drewermanns Biographie weist Qualitäten eines heiligen Lebenslaufs auf. »Ich bin groß geworden im Bergarbeiterdorf Bergkamen und habe die Sprache von Bergarbeitern gelernt«, erzählt er.[4] 1940 erblickte er dort das Licht der Welt, als Kind einer Katholikin und eines evangelischen Bergarbeiters – und den beschreibt Eugen als einen Menschen, der heute das beste Zeug für einen Drewermann-Anhänger gehabt hätte: »Er dachte preußisch über Religion. Das heißt, er tat seine Pflicht. Er ging zum Abendmahl gründonnerstags und hielt Luther für einen rechten Kerl. Aber die Bibel zu lesen – ich entsinne mich noch daran, wie ich die goldenen Seiten des Büchleins entblätterte, das er zur Konfirmation bekommen hatte, damals war er über 70; und er sagte dann lachend: ›Junge, warum soll ich das lesen, ich versteh's doch nicht‹«.[5] Eine Szene, die ohne Veränderung in die Apokryphen der Bibel aufgenommen werden könnte: Der kindliche Prophet lehrt seinen Vater glauben.

Schon vorher, im Alter von zarten vier Jahren, hatte Drewermann ein prägendes Erlebnis »beim Bombardement auf Bergkamen, als zwei Volltreffer auf den Bergstollen gingen, in dem die Bunker untergebracht waren – das Licht fiel aus, die Erde bebte, die Leute kreischten, gerieten in Panik –, daß auch Menschen, mit denen ich vorher noch Lieder gesungen hatte, bei denen ich auf dem Schoß gesessen hatte, völlig außer sich waren vor Angst«.

Da taucht es auf, das Wort, das später zum Ausgangspunkt seines ganzen theologisch-psychologisierenden Glaubensgebäudes wird: *Angst*. Auf tausenden Seiten zur menschlichen Grundbefindlichkeit hochstilisiert, wird Drewermanns Kriegserlebnis Jahrzehnte später zum Schlüsselbegriff für Millionen Gläubige. Die kindliche Verarbeitungsmethode dieses Schreckens wird er in vermeintlich erwachsener Form seinen Anhängern predigen: »Ich muß das sehr früh kompensiert haben mit der Hoffnung, daß es irgendwo doch eine Sicherheit gäbe ... Ich hab sie gesucht, irgendwie, in der Kirche, im Tabernakel, in meinem Kopfkissen, in meinem Teddybär ... Ich glaub', das war meine Art von Religion, die dann nie aufgehört hat ... Der liebe Gott, wußte ich, wohnte irgendwie im Kopfkissen.«[6]

Eine weitere Kindheits-Erfahrung beschreibt Drewermann als bedeutend. »Als Kind habe ich im Religionsunterricht gelernt, daß es päpstliche Entscheidungen gibt, nach denen die Schlange im Paradies wirklich gesprochen hat und der Rizinusstrauch in einer Nacht über das Haupt von Jonas wachsen konnte«, erinnert er sich.[7] Wohnte Gott früher im Kopfkissen, lehrten ihn nun die Kirchenbesuche: Gott wohnt in der Kirche, über dem Altar. Obwohl er im nachhinein seine katholische Erziehung »niemandem zumuten« möchte, habe sie bei ihm selbst »angstberuhigend gewirkt«.[8]

Diese religiöse Sozialisation Drewermanns legt Verbindungslinien zwischen dem kindlich-naiv glaubenden und dem theologisch reflektierenden Drewermann nahe: Sollte sein jahrelanger Suchprozeß, in der Kirche Geborgenheit zu finden, in der kindlich-regressiven Flucht in Kuschelecken motiviert sein? Oder, überspitzt ausgedrückt: Muß der Bergkamener Teddybär als Projektionsfläche des verschwundenen Gottes, das Kopfkissen als Archetyp seelischer Tränentröstung herhalten? Und ist Drewermanns ganzes Leben letztlich nur ein verzweifelter Versuch, sich von dem naiven Teddybär-Glauben abzugrenzen durch hochspekulative und rational hergeleitete, letztlich aber doch präpubertäre Gottesbilder? Eine Möglichkeit zu finden, nach der die Schlange zwar nicht menschlich, aber doch eben sprechen konnte? Immerhin, schon als Fünfjähriger »wußte« Drewermann, »daß ich Ängste hatte«[9]; als Jugendlicher dann hatte er nach eigenem Bekunden »ständig irgendwelche metaphysischen Fragen«[10]; die Lektüre Albert Schweitzers lehrte den 14jährigen, »zu zweifeln an dem, was wir von Jesus Christus historisch wissen können«[11]; als fünfzehnjähriger Teenie stellte er sich die Frage, die anderen erst in theologischen Hauptseminaren zu erörtern vergönnt ist: »Wie steht es mit der Geschichtlichkeit der Offenbarung?«[12] Kierkegaard, jener christliche Existentialist aus Dänemark, der den Glauben an den Christengott als Antwort auf die Angst des Menschen formulierte, wurde Drewermann zur »einzigen geistigen Autorität, die ich damals hatte ... wichtiger als jeder Papst, jeder Religionslehrer«.[13]

Als »Vatertrauma« beschreibt Drewermann das Verhalten der katholischen Kirche zu Zeiten der Adenauer-Ära. »Daß hier Macht ausgegeben wurde als göttliche Wahrheit, daß man Heranwachsende im Alter von siebzehn Jahren zum Wehrdienst zwingen wollte über ihr Gewissen hinweg, daß man sie für schuldig sprach, wenn sie in der Beichte sagten, daß der Papst nicht recht habe – dieses Trauma werde ich nie vergessen«, gesteht er.[14] Trotz seiner Vorliebe für protestantische Denker befolgte er den Rat seines Lateinlehrers, katholisch zu bleiben[15], und studierte 1959 bis 1965 in Paderborn katholische Theologie und Philosophie.

Als Kaplan und Kurseelsorger in Bad Driburg, in der harten Wirklichkeit des klerikalen Alltags, sah sich der zur Ehelosigkeit Verdammte den »Liebesabenteuern« und der »Verzweiflung über die Untreue« seiner Gemeindeglieder gegenüber. Während Priesterkollegen derartige Probleme mit dem Dogma und katholischer Morallehre zu bändigen versuchten, nahm der junge Drewermann die Seelenlage des Volkes zum Anlaß für Fortbildung. »Es war deutlich, daß die Menschen litten, aber nicht schuldig waren, und daß ich, wenn ich sie verstehen wollte, Bereiche des Daseins kennenlernen müßte, die mir im gesamten Theologiestudium nicht vertraut geworden waren, die Bereiche des Unbewußten. So bin ich damals zur Psychoanalyse gekommen«, erinnert er sich.[16]

Die Früchte seiner psychoanalytischen Zusatzausbildung trugen ihm in Form der Promotionsschrift »Strukturen des Bösen« wissenschaftliche Anerkennung an: Das heute auf 1750 Seiten, in drei Bände gefaßte Werk wurde als Habilitationsschrift angenommen. Sein späterer bischöflicher Kontrahent Bischof Johannes Degenhardt erteilte dem Priester der Pfarrei St. Georg in Paderborn die Zulassung als Privatdozent für das Fach Katholische Dogmatik/Systematische Theologie.

Nach vierzehn Jahren wurde dem Bischof die universitäre Freiheit des einst vielversprechenden Newcomers zu viel: Er entzog Drewermann am 7. Oktober 1991 die Lehrbefugnis und drei Monate später auch die Erlaubnis, zu predigen. Die Gründe sind allseits bekannt und erinnern an mittelalterliche Inquisitionsurteile: »Abweichungen von der Glaubenslehre der katholischen Kirche über die Einsetzung der Sakramente, ... das katholische Verständnis des Kreuzestodes Christi, ... über die Geburt aus der Jungfrau Maria, ... über die Autorität der Kirche und der Bischöfe in Sachen des Glaubens und der Sitten sowie erneut über die sittliche Beurteilung der Abtreibung durch das kirchliche Lehramt.«[17]

Der Zorn des einstigen Förderers läßt sich jedoch nur schwer auf diese formalen Lehrabweichungen reduzieren. Klerikale Verklemmtheit, bischöfliche Besserwisserei und die Arroganz einer alteingesessenen Macht auf der einen, pseudowissenschaftliche Provokationen mit massenmedialen Verteidigungsreden und starrsinnigen Prinzipienreitereien auf der anderen Seite machten es beiden Parteien unmöglich, ein konstruktives Gespräch zu führen.

Törichterweise bestätigte der Klerus sämtliche Vorurteile des Kirchenvolkes und alle Vorwürfe Drewermanns, die der in seinem Kleriker-Buch und anderswo gemacht hatte: Kirche sei eine autoritäre, machtbesessene Institution mit abgelaufener Existenzberechtigung. Und bezeichnenderweise geriet Drewermann ins Fahrwasser des postmodernen Zeitgeistes, der da weht, wo er will, und der sagt: Wer gegen die Kirche ist, hat recht, und wer es darüberhinaus auch noch schafft, eine Synthese aus indianischen Mythen und heutigen Bacardi-Träumen, von ägyptischen Pharaonen und Frau Holle zu knüpfen, der ist in. Die heilige Trinität des alles vereinnahmenden und relativierenden Zeitgeistes heißt heute Dalai Lama, Fritjof Capra und Eugen Drewermann. Deren Reizwortfetzen aufnehmend: Glück, Wendezeit und Glaubensbefreiung — meinen viele, dem Einerlei alltäglicher Kompromisse entgehen und zu himmelhochjauchzenden, selbstverwirklichten Gottesanbetern werden zu können.

Drewermanns Erfolg läßt sich seit Jahren nicht mehr auf Deutschland begrenzen. Besonders Frankreich gehört zu den neuen Absatzgebieten der Drewermannschen Buchproduktion. Der Rückzieher des Dominikanerverlags Editions du Cerf, vermutlich auf Drängen der offiziellen katholischen Kirche, das Buch *Kleriker* doch nicht zu veröffentlichen, brachte dem Bestseller kostenlose Werbung. Erschienen im Verlag Albin Michel und medienwirksam von Drewermann im überfüllten Hörsaal der Pariser Faculté de Médicine vorgestellt, verkaufen sich die »Fonctionnaires de Dieu« seitdem bestens; das französische Kirchenvolk lobt Drewermann als neuen Luther. Immerhin hat es der Deutsche geschafft, den katholischen Weltkatechismus mit den *Klerikern* von Platz 1 der Bestsellerlisten zu verdrängen. Aus dem katholischen Klerus allerdings mag Drewermann nur einer öffentlich folgen: der Bischof Jacques Gaillot von Evreux lobt Drewermanns Theologie und bat gar am 5. März 1992 den Paderborner Erzbischof, Drewermann »provisorisch predigen zu lassen«.[18]

III. Die Fangemeinde

»An diesem Abend sind Sie die Gemeinde, nach der ich auf der Suche bin!«[19] Charmant schmeichelt Drewermann seinem Vortragspublikum – denn jeder weiß, daß die Menschen, die zum Vortrag gekommen sind, Drewermann suchen, und nicht umgekehrt.

Die Anrede »Gemeinde« ist irreführend – eine Gemeinde im christlichen Sinn kennt sich untereinander, spricht miteinander und starrt nicht nur nach vorne, sondern sieht sich nach den Nächsten um. Ganz anders also als die Drewermann-Zuschauerschaft, die ihren einzigen Bezugspunkt im Paderborner Ex-Priester hat.

Dennoch trifft der Begrüßungssatz Drewermanns den Sachverhalt. Denn Drewermann ist so angewiesen auf seine Vortragszuhörerschaft wie ein amtierender Priester auf seine Messen-Gemeinde. Und seit dem Paderborner keine Institution mehr den Rücken stärkt und ihm per volkskirchlichem Versorgungsauftrag Menschen zuführt, ist er mehr denn je auf volle Säle angewiesen. Die »Langeweile der tradierten Sprachspiele der Sonntagsmessen« führt ihm – noch – ein Heer von Menschen zu, und nicht ganz selbstlos klingt sein Wunsch, den er in der vollbesetzten Aula des Paderborner Theodorianums formulierte: daß »der Tag nicht mehr fern (liege), an dem der Dom leer, eine x-beliebige Schulaula aber voll sein wird«.[20]

Obwohl sich die Verehrer und Zuhörer Drewermanns nicht persönlich untereinander kennen, lassen sich einige Typen unter ihnen finden, die anzutreffen wahrscheinlich ist.

Der frustrierte Theologiestudent

Dachte, im Studium würde er den Glauben finden – was er fand, waren aber nur historische Fakten statt religiöser Tiefe. Auf der Suche nach ewiggültigen Wahrheiten stößt er im Seminar »Einführung in die neutestamentliche Exegese« in der letzten Stunde auf die Möglichkeit der »tiefenpsychologischen Bibelexegese«: Kranke nahmen ihre Bahre, weil Jesus ein Psychotherapeut, nicht aber ein Wunderheiler war. Das sitzt. Endlich muß er die Bibel nicht mehr auf Teufel komm 'raus verdrehen, sondern kann sie frei interpretieren und einer Ehrenrettung zuführen. Daß er Jesus nun vor seinen Kommilitoninnen als »neuen Mann« outet, bringt ihm ungeahnte Sympathien. Das Fach Systematische Theologie tut ein übriges, den Theologiestudenten zum Drewermann-Jünger werden zu lassen: Theologie, so meint er es in der Vorlesung (Saal B 657/12, Nebengebäude II, 3. Ebene) zu vernehmen, lasse sich nur philosophisch erklären. Erfahrung habe deshalb beim Theologietreiben gar nichts zu suchen.

Des Denkens überdrüssig, beschäftigt er sich zunächst mit Dorothee Sölle. »Gott ist in den Schwachen mächtig«, dieser Satz erwacht zu Leben. Obwohl er nicht weiter als bis Gomera (Charterflug) gekommen ist, fühlt der Student die tiefe Wahrheit der befreiungstheologischen These: »Gott wohnt in den Slums von Südamerika«. Da er dort aber nie hinkommen wird – und will –, erfüllt Sölles Theologie nicht seine theologischen Herzenswünsche.

Auf dem Katholikentag in Freiburg hört er einer Podiumsdiskussion in erlauchter Runde zu: Norbert Greinacher sitzt da, neben Dorothee Sölle und – Eugen Drewermann! Von dem dachte er immer, der sei unpolitisch. Stimmt ja gar nicht! Inzwischen liest er im überfüllten alttestamentlichen Hauptseminar heimlich unterm Tisch »Schneeweißchen und Rosenrot«.

Der katholische Stadtpriester

Jeden Sonntag bei der Eucharistie zweifelt er daran, was er verteilt: Blut? Leib? Die Leute glauben's nicht, und nach 27jähriger Amtszeit in der »Gemeinde zur unbefleckten Mutter« traut er sich endlich, *Publik-Forum* zu abonnieren. Da liest er nicht nur, was der Papst eigentlich für einer ist – sondern auch, daß es da eine Art Supermann gibt, der nicht nur dem Papst, sondern dem ganzen katholischen Klerus die Stirn bietet: Eugen Drewermann.

Im Beichtstuhl, während ihm Firmlinge vom Schulschummeln und Hausfrauen von schlüpfrigen Gedanken berichten, findet er Zeit zum

Nachdenken: An sich ist er gar kein Kleriker, meint er, sondern ein therapeutischer Seelsorger mit revolutionären Anteilen. Denn die gesellschaftliche Kraft der Beichte ist in ihm geradezu verkörpert. Den Papst mochte er sowieso noch nie, und allzuoft ertappt er sich bei der Vision, Maria und Josef im Bett zu sehen und die Jungfernzeugung als Hirngespinst verklemmter Kirchenväter abzutun.

Er belegt eine Fortbildung in Gestalttherapie und lädt sein Beichtstuhl-Publikum immer öfter dazu ein, mit ihm danach bei sich zu Hause zu kneten: Gott, Engel, Schlange und andere Sachen. Nach dreieinhalb Jahren merkt die Gemeinde, daß sich die Gesichtszüge ihres Priesters irgendwie verändert haben: Sie sind weicher geworden, nicht mehr so verbissen. Und in die traurigen Augen ist eine Art schelmisches Lächeln getreten.

Trotz der späten Wandlung melden sich die Magengeschwüre regelmäßig wieder — sogar öfter als früher. Statt Chemie-Schocker zu schlucken, trinkt er jetzt wieder Rotwein (ohne Scham und Schuldgefühl) und schluckt die kleinen runden Kügelchen vom Heilpraktiker. Die *Kleriker* hat er quergelesen, vieles ist angestrichen, und er predigt seit neuestem lieber über Hänsel, Gretel und die sieben Zwerge als über Jesus, Paulus und die zwölf Apostel. Die zweite Ebene des Ikea-Regals biegt sich unter der Last Drewermannscher Werke; daß im Amtszimmer ein Foto des Paderborner Priesters neben dem Konterfei des Papstes und einer chinesischen Mumie hängt, beeindruckt sogar die Gemeindeschwester. Sie kommt jetzt immer öfter in seine Sprechstunde.

Die sehnsüchtige Hausfrau

»Das Kreuz — soll es uns quälen?« Zwischen Abwasch und Kindergeschrei fallen ihr die großen Lettern der BILD ins Auge. Dachte sie erst, eine Köhnlechner-Fortsetzungsstory über Rückenbeschwerden entdeckt zu haben, ist sie angenehm enttäuscht: »Ich erklär Dir Gott«, heißt die Serie; auf einer Bank, wie der Schwarzwaldklinik entsprungen, sitzt Drewermann: »Deutschlands umstrittener Katholik schreibt in BILD.« Sie liest: »Wir sollten aufhören, den Tod zu fürchten. Dann wäre unser Leben weit weniger fürchterlich. Dann hätte das Kreuz einen Sinn.«

Zwar weiß sie nicht, wie sie das machen sollte: einfach aufzuhören, Angst zu haben vorm Ende. Aber gut klingt das schon, sehr stark, sehr echt und verheißungsvoll.

Weil sie nicht mehr leiden will und Märchen mag, kauft sie sich im Kaufhof *Brüderchen und Schwesterchen – tiefenpsychologisch ausgelegt von Eugen Drewermann*. Ihr Mann wundert sich: Statt Uta Danella liegt nun Drewermann auf dem Nachttisch seiner Gattin. Sie liest, meint zu verstehen. Als Drewermann in die Stadt kommt, fährt sie hin – das erste Mal seit sieben Jahren unternimmt sie wieder etwas alleine. Ein wunderbares Gefühl. Sie hängt an seinen Lippen und fühlt sich bestätigt: so viele Christen, die keine Kirche brauchen, um Gottesdienst zu feiern. Nach dem Vortrag drängt sie sich am Büchertisch zu ihm. Sie holt das Märchenbuch aus der Handtasche, legt es ihm mit heißen Blicken auf den Tisch. »Ganz herzlich – Eugen Drewermann« schreibt er ihr hinein.

Als sie nach Hause kommt, träumt ihr Mann schon. Sie legt sich zu ihm, hat schöne Gedanken und träumt von Dingen, die sie noch Tage später erröten lassen.

Der ökologische Basischrist

Er saß vor den Toren des Atomwaffenlagers Mutlangen, verbrachte Nächte in undichten Zelten im Wald von Gorleben, Wackers- und Brokdorf und hat die Schnauze gestrichen voll von demonstrativen Schlammschlachten gegen Wasserwerfer und die Knüppel des Gesetzes. Otto Pankoks »Jesus zerbricht das Gewehr« war sein Lieblingsbild; jetzt ist es »Maria schlägt das Jesuskind vor Zeugen«. Auch mag er nicht mehr in 12qm-WG-Zimmern schlafen, während die gleichaltrigen früheren Schulkameraden sich auf Spesen in Hotelbetten lümmeln.

Noch bevor er sich einen Doppel-Nachnamen zulegte und das Söhnchen geboren wurde, entdeckte er bei der Öko-Messe Freiburg ein Drewermann-Buch: »Sind Propheten dieser Kirche ein Ärgernis?« Den Propheten zum Tertium comparationis machend, zückte er das blaue Lederportemonnaie und zog sich ins Bistro-Café zurück. Bei der Gauloises und einem Café au lait verschlang er das 74seitige Interview mit Eugen Drewermann.

Endlich erkennt er, daß er einen mächtigen Verbündeten hat. »Es ist unter Umständen nötig, jahrzehntelang mit der Vision zu leben, daß alles, was so sicher scheint, zerstört werden wird« liest er.[21] Ja, so fühlt er auch: Laß die Welt zugrunde gehen – und mach Dir nicht auch noch die Hände schmutzig beim Apfelbäumchen-Pflanzen.

Der vorletzte Satz des Buches, ein Zitat von Laotse, trifft ihn im Herzen: »Die Sittlichkeit ist nichts anderes als des Lebens Trübsal und Notwendigkeit.« Er denkt an seine Frau. An sein Kind. Er pfeift auf Sittlichkeit, setzt sich zu der blonden Intellektuellen am Nebentisch und bittet sie um Feuer. Als er spät in der Nacht nach Hause kommt, fühlt er sich gut – so gut, wie noch nie zuvor. Seiner Frau erzählt er nichts.

Inzwischen hat er Drewermann eigentlich hinter sich gelassen. Selbst in seinem Architekturbüro (Verkaufshit: das grasbedeckte, schmutzwassernutzende Einfamilienhaus) stehen Bücher von Ken Wilber, Penny McLean und Eugen Drewermann. Als der in die Mehrzweckhalle seines Wohnortes kommt, ruft er die Blonde aus dem Bistro an und verspricht ihr den Himmel. Sie kommt mit, ist von Drewermanns zwinkerfreien Augen fasziniert. Als sie danach in der Künstlerkneipe Drewermanns Theologie auseinanderpflücken, stellt sie sich dennoch verbal vor den Paderborner: Solche Augen können nicht trügen.

Die esoterische Gottsucherin

Sie stieg in ägyptische Königsgräber, zog an der Friedenspfeife des Sioux-Häuptlings Weiser Pfad, hämmerte sich einen Andenkenstein aus der Chinesischen Mauer heraus; der Dalai Lama verzückte sie bei seinem Vortrag im Hamburger Audimax, und die Lebensweihe empfing sie vom Bhagwan Shree Rajneesh höchstpersönlich.

Inzwischen, nach 12 Jahren des Unterwegsseins, ist sie des Wanderns und Suchens müde geworden. Immer wieder aufmachen, immer wieder Abschied nehmen – das schlaucht. Ihre Freundin erzählte ihr von einem sanftäugigen Deutschen, der trotzdem was Heiliges habe: Eugen Drewermann. Weil dessen Hauptwerke so sündhaft teuer sind, bleibt sie am Taschenbuchständer hängen. »Wort des Heils, Wort der Heilung« nimmt sie mit, der Rest vom Zwanziger reicht sogar noch für ein halbes Päckchen Javaanse Jongens. Die Selbstfindung und die Gottfindung seien eigentlich dasselbe, liest sie da und staunt nicht schlecht darüber, daß sogar Katholen etwas Sinnvolles von sich geben können.

Mit ihrer Freundin, Vorsitzende des Klubs »Heimliche Priesterfrauen gehen in die Offensive e.V.«, fährt sie zum Münchener Kirchentag. Der Dalai Lama wirkt irgendwie komisch, inmitten dieser kühlen Messehalle. Aber Drewermann live, dieser starre Blick in die himmlische Ferne, dieser monotone Tonfall der Heiligkeit: Der zieht sie in ihren Bann. Und wie er in der Olympiahalle so eine »linke« Befreiungstheologin in Grund und Boden redet mit seinem bleichen Gesicht — das ist es!

In der Esoterik-Zeitung »Die andere Realität« fühlt sie sich bestätigt: »Luther in Wittenberg und Drewermann haben das gleiche Anliegen: eine Reformation im Innen, nicht eine Spaltung im Außen.«[22] Sie besinnt sich auf ihre urgermanischen Archetypen, wittert in Drewermann die Wiedergeburt eines keltischen Priesters und reist ihm seitdem von Ort zu Ort nach. In ihrem Zimmer hängt ein selbstgemaltes Bild von ihm, ein leidvoll lächelndes Konterfei in verwaschenen Pastelltönen. Und ihren Blusenärmel, den er im Vorübergehen berührt hat, hat sie liebevoll auf einem kleinen Altartischchen drappiert.

IV. Drewermanns Zauberformeln

Drewermann fängt sie alle, von der rührigen Packerin bis zum hartge-sottenen Intellektuellen. Womit?

»Er redet ekstatisch, man spürt seine innere Konzentration. Er beant-wortet Fragen mit äußerster Präzision. Das ist der Anfang von jedem Dialog«, meinte der evangelische Marburger Theologieprofessor Ger-hard Marcel Martin; Drewermanns Werk sei »großartig. Es paßt in die heutige Zeit und ist geeignet, viele Fragen der Theologie zu erklären«.

Zwei bedenkliche Maßstäbe, denn weder ist näher definiert, was in die heutige Zeit paßt − sollten Theologen dem Zeitgeist konforme Reden halten oder konservativ an der Bibel als Kriterium festhalten? − noch erklärt Drewermann auf besonders originelle Weise Fragen der Theo-logie.

Fest steht: Keines der Themen, die sich Drewermann greift, ist neu oder originell. Den päpstlichen Absolutheitsanspruch anzukratzen, steht seit Martin Luther auf der Tagesordnung; Angst ist in Form der Erbsündenlehre Thema der gesamten Kirchen- und Theologiegeschich-te; das volkskirchliche Modell wird seit Jahrzehnten von wachen Chri-sten in Frage gestellt, und selbst die tiefenpsychologische Auslegung bi-blischer Texte oder die psychische Deutung theologischer Dogmen ist seit C. G. Jung und erst recht seit Erich Fromm etabliert. Die »Unster-blichkeit der Tiere« hat 223 Jahre vor Drewermann bereits ein englischer Hilfspfarrer postuliert − der seine These jedoch in zwei dicken Bü-chern untermauerte, während es schwer ist, »in der Schrift Drewer-manns einen einzigen Gedanken zu finden, den man als ›Argument‹ bezeichnen könnte«, wie die FAZ moniert.[23]

Durch die Zentrierung sämtlicher Gott-und-die-Welt-Themen auf Dre-wermann verlieren diese Themen und Fragestellungen an Schärfe und Konturen. Drewermann verhindert den Einfluß und die Medienpräsenz sämtlicher Theologen und Theologinnen, die anderes, aber mindestens ebenso Wichtiges zu sagen haben als er. »Daß die tiefenpsychologische Exegese stark durch Frauen vorangetrieben wurde und es nun also Frauen sind, die durch das übertriebene Wichtignehmen von Drewer-

mann aus dem Bewußtsein verdrängt werden«, beklagt zu Recht der protestantische Theologieprofessor Dieter Schellong.[24]
Was ist es, das Drewermann so faszinierend macht?

Auf die sanfte Tour: Paderborner Dogmen

> Antiklerikale Kleriker
> mag ich nicht
> *Albert Camus*

Bescheiden und hierarchiefeindlich wirkt Drewermann. Wer seinen Bischof, ja selbst den Papst so offen kritisiert und ihnen Machtgelüste vorwirft, wer für eine offene, emanzipierte Christenheit eintritt: Könnte der anders wirken als Drewermann? Leise Stimme, schmächtige Statur und schale Gesichtsfarbe legen den Gedanken fern, daß Drewermann autoritäre Strukturen verkörpern könnte.

Doch was die oberen Kleriker mit ihrer kirchenrechtlichen Machtbefugnis anrichten, führt Drewermann mit seiner exzellenten Rhetorik und mit seiner schwer hinterfragbaren Wissensmacht weiter. Die Bischöfe sind dumm und haben trotzdem Macht − Drewermann ist intelligent und spielt seine Herrschaftswissen um so machtvoller aus. Das Wissen, das ihm durch die katholische Kirche über seine Priesterausbildung erst eingetrichtert wurde, wendet er nun selbst an. Auch ohne Lehr- und Predigterlaubnis ist er der klerikale Lehrer, der scheinbar ewig gültig erklärt, auf welche Weise Bibel, Kirche und Theologiegeschichte zu deuten sind.

Drewermann wirft der »Kirche ständig vor, daß sie sich an die Stelle Gottes setzt«[25] − und schwebt selbst wie ein von Gott persönlich ordinierter Heilsbringer durch die Republik. Die Theologie »muß durch die Psychoanalyse durch wie das berühmte Kamel durchs Nadelöhr«, sagt er[26] − kann es eine gesetzlichere Sprache geben? »Eher kommt ein Kamel durchs Nadelöhr, als ein Reicher in den Himmel kommt« heißt es im Lukas-Evangelium. Die Psychoanalyse als Reich Gottes, die Theologie herabgewürdigt zum Reichen, der vor Geld strotzt und innerlich unbefriedigt ist?

Was Drewermann seinen Anhängern bietet, ist nichts anderes, als dogmatisches Christentum mit umgekehrten Vorzeichen; er betreibt »die Inthronisation der Tiefenpsychologie als einer Metatheorie des Christentums und der Religion schlechthin«[27]. Den »wackligen Dogmen der katholischen Kirche stülpt er nun noch die noch unsicheren Dogmen der Psychoanalyse über«, klagt der Ex-Benediktinermönch Hans Conrad Zander. Drewermanns Vorteil: Sein Katechismus ist nicht so leicht zu greifen und damit zu kritisieren wie der katholische Katechismus. Zwischen den Zeilen seiner Bücher und zwischen den Worten seiner Vorträge jedoch entpuppt sich ein gesetzliches Theologieverständnis, das dem des katholischen Klerus von der Struktur her gleicht.

»Mit dem Traum, nicht mit dem Wort ist zu beginnen«[28]: Warum eigentlich, und stimmt denn das? »Nur in den Archetypen und in den Gefühlen liegt das Einende und das Verbindende zwischen den Kulturen und Religionen aller Zeiten und Zonen.«[29] Tatsächlich? »Religiös ist eine Auslegung religiöser Texte nur legitim, wenn sie innerlich ist; alles Historische ist äußerlich«[30] – kann es eine Bibelauslegung geben, die die Geschichtlichkeit der Texte ausklammert? »Wir sind als Christen zu sehr alttestamentlich und zu wenig ägyptisch, um wirklich christlich zu sein«[31]: Können Christen »zu sehr alttestamentlich« sein? Und sollten Christen ägyptisch sein, also den Platz der Unterdrücker und Sklavenhalter Israels einnehmen? »Gott hat keine andere Sprache an uns als die Sprache der Seele in uns.«[32] Und wie steht es mit dem Wort Gottes, das als Offenbarung von außen kommt, wie Theologen behaupten?

Mit kirchenkritischer Attitüde vorgetragen, verfehlen die zeitgeistgemäßen Drewermann-Dogmen ihre Wirkung nicht. Sie setzen seine Anhängerschaft unter psychischen Druck: Kann man sich gegen die unsinnigen Forderungen und ethischen Vorgaben des vatikanischen Katechismus noch mit gesundem Menschenverstand zur Wehr setzen, schaltet Drewermann mit seinem Wissensvorsprung und seiner rhetorisch schwer übertreffbaren Psycho-Sprache jede Kritik aus.

Die Fans lassen es sich mit sich machen: ein eingespieltes Team. Dieter Schellong hat »den Eindruck, daß die Anhänger Drewermanns nur die Autorität gewechselt haben – und das Befreiung nennen«. Der Vorwurf des emeritierten Paderborner Professors: Drewermann pflege einen »Personenkult«. »Ich finde es beunruhigend, daß das Bedürfnis nach priesterlicher Führerschaft gegenwärtig so stark ausgeprägt ist, wie an der Drewermann-Anhängerschaft zu bemerken ist. Drewermann ist Psychologe genug, um zu wissen, daß der Ruch des Verfolgtwerdens Priester und Gemeinde besonders aneinanderbindet – heute ist es fast das einzige, jedenfalls das sicherste Mittel, um eine treue Anhängerschaft zu bilden und zu halten.« Und mahnend zitiert Schellong aus einem Brief des Schriftstellers Robert Musil, den der nach der Machtergreifung Hitlers 1933 schrieb: »Lange vor den Diktatoren hat unsere Zeit die geistige Diktatorenverehrung hervorgebracht. Siehe George. Dann auch Kraus und Freud, Adler und Jung. Nimm noch Klages und Heidegger hinzu. Das Gemeinsame ist wohl ein Bedürfnis nach Herrschaft und Führerschaft, nach dem Wesen des Heilands.«[33]

Kein Wunder, daß die – jedenfalls kirchennahe katholische – Anhängerschaft Drewermanns nach der Ablösung von der Autorität des Papstes das entstandene Vakuum mit einer neuen zu füllen versucht. Drewermann bietet sie ihnen an. Seine fast kultisch inszenierten Auftritte dienen weniger der »Aufklärung« eines emanzipierten Publikums als der Autoritätspflege des eigenen Glaubensgebäudes. Was der Papst durch allzu offensichtliche Machtlüsternheit nicht erreicht, wird Drewermann hinterhergeworfen: treue Folgsamkeit und ergebene Dienerschaft. Die Macht des neuen Oberpriesters setzt er nicht mit dem Knüppel kirchenrechtlicher Paragraphen durch, sondern mit Hilfe der psychologischen Trickkiste. Der Mechanismus, der sich in der katholischen Kirche günstigenfalls einstellen könnte: eine Konfliktgemeinschaft zwischen Klerus und Gläubigen, ist bei Drewermann nahezu ausgeschlossen, wie auch eine Spaltung innerhalb des »Drewermann-Solidaritätskreises« ans Licht brachte.

Nicht nur sich selbst erhebt Drewermann dadurch zur religiösen Leitfigur, auch Jesus bleibt vor solcher abgrundtief katholischen Vereinnahmung nicht bewahrt. »Die Kirche lehrt bis heute, die Bergpredigt sei kein Gebot, sondern nur ein Rat, sie sei also nicht für alle verpflichtend. Das aber verstößt radikal gegen den Geist Jesu«, wirbt der Walter-Verlag für das »Matthäusevangelium« Drewermanns. Wer die Bergpredigt in den Rang eines Moralkodex erheben will mit ebenso gesetzlichem Anspruch, hat sich jedenfalls als Freiheitsprediger selbst disqualifiziert.

Bis daß das Glück die Angst verdränge

> Glück besteht aus einem soliden
> Bankkonto, einer guten Köchin
> und einer tadellosen Verdauung
> *Jean-Jacques Rousseau*

Acht bis neun Millionen Menschen in Deutschland leiden an Panikattacken; eine Million ist chronisch angstkrank.[34] Das Ende aller Sicherheiten ist angezeigt, wer jetzt noch lacht, lacht das verzweifelte Lachen der Narren vor dem Henkerschlag. Platzangst und Flugangst, Höhenangst und Angst vor Spinnen: Allgegenwärtig wird die Angst zum Begleiter durch den Dschungel der Errungenschaften der Technik-Umwelt. Was früher, als die Menschen noch glauben konnten, die Sache weniger Minuten im Beichtstuhl und einer Kollekte war, dauert und kostet heute hunderte Stunden Therapie: Psychologen, die Priester der Postmoderne, nehmen sich des Geldes und der Sorgen ihrer Klienten an, können aber nicht oft der Angst Herr werden.

Drewermann ist ausgebildeter Psychologe. Er weiß um die Ängste der Menschen. Deshalb weiß er auch, wie wirkungsvoll sein Ansatz ist, Menschen anzusprechen: »Wie verlieren wir die Angst, bzw. wie finden wir den Weg zurück zum Garten Eden, das ist die alles entscheidende Frage, und sie steht im Mittelpunkt der meisten großen Religionen.« Wäre von einem theologisch gebildeten Humanisten, der betont, »daß alles, was Freud sagt, stimmt, für mich und für die Kirche«[35], eine andere Fragestellung zu erwarten?

Natürlich läßt sich das Drewermannsche Patentrezept schnell als Finte entlarven. Theologische Thesen, die nicht belegt werden und durch ihre gelehrige Darbietung Autorität vorgaukeln. Was ist dran? Theologisch wenig, denn nach biblischer Theologie geht es nicht darum, den Weg zurück zum Paradies zu finden, sondern in der Nachfolge Jesu zu leben und auf das Kommen des Gottesreiches zu hoffen. Außerdem lautet die biblisch entscheidende Frage nicht, wie wir ins Paradies gelangen, sondern wie wir inmitten einer »gefallenen« und sündigen Welt gottgemäß leben können.

Aber um die Bibel geht es Drewermann ja gar nicht in erster Linie, jedenfalls nicht im positiven Sinne. »Die Bibel macht den Menschen angst, indem sie den Bezug zur Natur weitgehend zerstört«[36], weiß Drewermann – und kann sich damit nicht nur des Kopfnickens sämtlicher angstbesetzter Menschen sicher sein, sondern ebenso aller selbsternannten Bibelwissenschaftler, die Bestätigung finden in ihrem Vorurteil: Die Bibel hilft gar nicht bei der Bewältigung der Lebensangst, im Gegenteil, sie schürt sie erst. Ohne Bibel ließe es sich also leichter leben. Wie? Die Lösung Drewermanns ist, natürlich, auf psychoanalytischem Gebiet zu finden.

Nun haben viele Menschen tatsächlich religiöse Neurosen, die ihnen jegliche Lust an der Bibel zerstört haben. Für die mögen Drewermanns Sätze existentiell nachvollziehbar sein. Katholiken klagen oft, daß ihnen Gewalt mit der Bibel angetan wurde. Drewermann anscheinend auch. Wie sonst könnte seine Präambel, die Bibel sei mitschuldig an der Seelenmisere moderner Menschen, so ausgeprägt sein? Die Tragik des Abstandes zwischen Drewermanns persönlicher Intention und der Rezeption durch seine Fangemeinde wird deutlich: Geschrieben für die, denen wirklich die Bibel in ihren Kindheitstagen um die Ohren geschlagen wurde, verfehlt Drewermann insgesamt seine Zielgruppe. Neben den wirklich Betroffenen mit neurotischen Ängsten saugen sämtliche Möchtegern-Bibelforscher Drewermanns Sündenbock-Botschaft ein: Die Bibel ist, neben dem Klerus natürlich, schuld. Versehen mit theologischer und psychologischer Autorität, die paradoxerweise noch verstärkt ist durch das kirchliche Lehrverbot, glauben die Leser Drewermann alles, was die eigenen Ressentiments gegenüber dem christlichen Glauben stützt.

Drewermann, das ist ihm vorzuwerfen, steuert dieser bedenklichen Tendenz nicht entgegen. Durch seine ständige Steigerung seiner nur für eine Bildungselite formulierten Erkenntnisse dreht er die Spirale weiter. Eine als »tiefenpsychologischer Ansatz getarnte Bauernfängerei«, befindet Maxim Biller in der Zeitgeist-Illustrierten TEMPO, »die nun auch noch den letzten Atheisten und Kirchenfeind zu einem Drewermann-Jünger macht«.[37]

Nicht nur im Negativen beschreibt Drewermann das menschliche Befinden. Auch in positiver Zielsetzung wird er konkret: Das Paradies, auf das er seine Fans einschwört, heißt Glück. Und sein Glücksanwalt heißt

Jesus. »Er wollte die Menschen glücklich machen«, schreibt Drewermann in der BILD, »indem er sie lehrte, aufzuschauen und die Weite des Himmels wahrzunehmen. Er wollte das Leiden beenden.«[38] Eine Drewermann-typische Vermischung von theologisch richtigen und manipulativen Aussagen. Zwar wollte Jesus nach den Evangelien, daß Menschen nicht mehr leiden müssen − doch die christliche Theologie weiß seit Paulus, daß das gesamte menschliche Leben unter dem Zeichen des »eschatologischen Vorbehalts« steht, das heißt: Wir sind noch nicht erlöst, sondern leben in Hoffnung auf die Wiederkunft Christi hin. Zu verheißen, wir müßten in diesem Leben nicht mehr leiden, ist Schwärmertum.

Die zweite problematische Formulierung: Selbst wer die Terminologie, Jesus hätte Menschen »glücklich« machen wollen, beibehält, muß das Glück, das da gemeint ist, definieren. Drewermann füllt es mit dem Blick in die Weite des Himmels; das Neue Testament dagegen stellt das Leben in Gemeinschaft als glückselig dar. Es fordert keinen Hansguck-in-die-Luft, der vor lauter Himmelsträumen ins Stolpern gerät und sich den Hals bricht, sondern wünscht sich Menschen, die ihre Mitmenschen, ihre Nächsten beachten und betrachten. Im solidarischen Miteinander erst erfüllt sich Gottes Reich, so eine Grundaussage der gesamten Bibel, und eben nicht im individuellen Suchen nach den Sternen. Was Drewermann als Glück hinstellt, läuft auf eine private Religion hinaus, die dem Individualismus der modernen westlichen Gesellschaft entspricht; eine freie Spiritualität, die sich selbst das Heil sucht, statt den Schritt in die Gemeinschaft zu wagen.

Anderen privates Glück zu verheißen, verheißt den Versprechern die größten Erfolge. Der Dalai Lama, fernöstlicher Reisender in Sachen Weisheit und Tibets Freiheit, beschreibt das Glücklichsein gar »als Lebenszweck schlechthin« und fragt, »was den höchsten Grad an Glück herbeiführen wird«[39]. Zwar formuliert er damit eine philosophisch ernsthafte Frage. Doch im Gefüge einer weniger geistig als materiell motivierten Gesellschaft bedeutet dies: Die ethische Frage: »Was ist gut?« wird kurzerhand abgelöst von der subjektiven Frage: »Wie erlange ich Glück?« Eine Paradigmenverschiebung mit weitreichenden Folgen. Denn Gutsein bezeichnet identitäres Leben, das Leiden als zum Leben zugehörig akzeptiert; Glücklichsein nach westlich-konsumistischer Lesart dagegen versucht, das Leiden auf-Teufel-komm-raus zu vermeiden. Obwohl Drewermann versucht, das Glücksstreben nicht nur egoistisch zu deuten (»Erst in dem Glück des anderen wird auch unser eigenes Glück vollkommen und wirklich«[40]), bleibt bei seiner Anhängerschaft das subjektive, egoistische Glücksempfinden bestimmend. Ist einem Mann, der als das höchste irdische Glück beschreibt, »zu spüren, daß Geistiges nicht sterben kann«[41], eine altruistische Glücksdefinition abzunehmen? Drewermanns Glücks-Theologie trifft den Zeitgeist, für den »das persönliche, private Glück zur einzigen Instanz« verkommen ist.[42]

Mit seinem Glücksglauben setzt sich Drewermann freiwillig in das Boot des noch immer wachsenden Psycho-Booms, der »die harte Realität der Banken und Bombe ausläßt und die höchstwillkommene Entpolitisierung der Mittelklasse festschreibt«, wie die sozialistisch geprägte Befreiungstheologin Dorothee Sölle kritisiert.[43] Eine Einschätzung, die Drewermann schroff ablehnen würde. Er würde seine tiefenpsychologische Bibelauslegung mit der Befreiungstheologie der armen Länder dieser Welt gleichsetzen; sie sei »exakt in unserem Kulturraum dasselbe wie das, was man in der Theologie der Befreiung in den Ländern der Dritten Welt versucht, indem man Campesinos, Analphabeten oft, heranläßt und mit ihnen die Bibel liest ... Das, wo wir Not, Elend und Armut erleben, ist das Terrain der Psyche ... Wir sollten uns nicht einreden lassen, da gebe es eine Konkurrenz oder Alternative zwischen Befreiungstheologie und tiefenpsychologischer Bibelauslegung, ... sondern wir müßten begreifen, daß beide Verfahren komplementär sind und daß spätestens von dem Tag an, wo es uns gelungen sein wird, die soziale Verelendung der Dritten Welt einigermaßen überwunden zu haben, ... um so mehr die Fragen, die hier in Europa, in Nordamerika, in Australien längst virulent sind, wieder auf uns zukommen.« Von »Pionierfunktion für die Welt von morgen« spricht der Prophet im gleichen Atemzug.[44]

Wer sich jedoch die Mühe macht, in die dickgebundenen Werke Drewermanns zu sehen, wird Dorothee Sölles Kritik nachempfinden können. »Was wir in unserem Kulturraum offenbar zu wenig lernen, ist die Kunst, füreinander *nicht* zu handeln, *nicht* zu denken, *nicht* etwas zu *machen*, sondern füreinander *dazusein*«[45], schreibt er in seinem Kommentar zum Markusevangelium.

Obwohl sich Drewermann im Lauf der Jahre immer häufiger als politisch kenntnisreicher Gelehrter ausweisen möchte, unterstützt er mit seinen Reden eine Verdrossenheit und Resignation gegenüber der Politik. Indem er die korrupte und machtbesessene Kirche mit der Politik in einen Topf wirft – und seine Anhänger wissen, daß er die Kirche in der jetzigen Form für nicht reformierbar hält –, vermischt er Äpfel mit Birnen: die (katholische) Kirche ist tatsächlich eine Institution, aus der jeder und jede austreten kann, wann immer er oder sie will. Politik hingegen ist eine notwendige (wenn auch oft schlecht praktizierte) Form der gesellschaftlichen Selbstorganisation. »Nichts als Lug und Trug... in Kirche und Politik«, schimpft der Prophet und beklagt: »Es ist doch überhaupt nicht möglich, angesichts von Elend nachzudenken. Da gilt die direkte Aktion!«[46] Nicht nachdenken, gesellschaftliche Entwicklungen und politische Konstellation nicht anaylsieren, Drewermann-Bücher kritiklos aufnehmen? Wie soll so politisches Engagement mehr als eine Eintagsfliege sein?

Was sich Drewermann von seiner Kirche wünscht: daß sie unbürokratisch diakonische Hilfe leistet, statt dogmatisch Geburtenkontrolle zu verhindern, überträgt er auf die Politik. Die freilich kann das noch weniger erfüllen, weil sie auch ihrem Selbstanspruch nach nur bürokratisch ist. Kirche und Politik stehen hier als Hinderer irdischen Glücks da – nicht nur des Glücks der anderen, der Armen und Elenden, sondern der eigenen seelischen Unbekümmertheit, die immer wieder von dem realen Elend der Dritten Welt abgelenkt wird von ihrer wahren Reifung: das »eigene Wesen zu finden und ihm treu zu bleiben. Allein darauf kommt es an«.[47]

»*Wesentlich* müssen die Menschen nicht von politischer Ungerechtigkeit, von sozialer Armut, von ökonomischer Ausbeutung und dergleichen mehr erlöst werden, sondern von der *Angst*, die auf allen Ebenen des menschlichen Daseins... jene Symptome des Unheils hervortreiben muß, solange sie dauert...«[48] Die Flüchtlinge aus Ruanda, die vergewaltigten Frauen in Bosnien-Herzegowina, all die Opfer von Folter, Hunger, Kriegen: Was würden sie zu solchen Sätzen sagen? Daß sie »wesentlich« gar nicht von ihrem konkreten Leid erlöst werden wollen, nur die Angst vor den Bomben, den Todesschwadronen und Vergewaltigern endlich verlieren sollten? In der Konkretion zeigt sich eine grundsätzliche Schwäche des Drewermannschen Glaubensentwurfes: Mit seiner Beschränkung des Glaubens auf die Innerlichkeit umgeht er die Geschichtlichkeit des Glaubens; dessen Wahrheit wird »ins geschichtslos-archetypische aufgelöst«, moniert Dieter Funke.[49] Anders ausgedrückt: Drewermann redet einer Theologie das Wort, für die Gott nicht in Jesus wahrer Mensch geworden ist, sondern bloß Scheinleib wurde. Gott wandert nicht in der Geschichte mit umher, sondern schwebt engelsgleich als ewig gü(l)tiger Ratschluß über den Brandherden der Welt herum. Darüber ärgert sich auch der Kieler Theologe Joachim Scharfenberg: »Drewermann vernachlässigt geradezu mit Ingrimm das Problem der Ausprägung einer bestimmten, geschichtlich zu kennzeichnenden religiösen Praxis«; so wachse »die Geschichte immer wieder aus ihrer historischen Einmaligkeit in die ›ewige Wiederholbarkeit und ständige Gegenwart des ewig Gültigen‹.«[50]

Aber Vorsicht, die Adressaten von Drewermanns Texten leben schließlich nicht in den Ländern der Dritten Welt. (Und wenn, könnten sie sich bestimmt nicht die Bücher eines deutschen Weltverbesserers kaufen.) Nein, verheerender wirken sich solche wirklichkeitsfremde Sätze auf die Leser und Leserinnen bei uns aus. Ähnlich den Missionsbemühungen christlich-fundamentalistischer Gruppen mit ihrer »mit Jesus wird alles gut«-Theologie, stellt Drewermann seinen Ansatz als allein heilbringend dar: Jesus macht, daß ihr eure Angst verliert (und, könnte man zynisch hinzufügen: daß ihr friedlich in den gewaltsamen Tod geht).

Wenn aber die ökonomische und soziale und Menschenrechts-Situation in anderen Ländern gar nicht mehr wichtig ist, entlarvt das jedes politische Denken als nichtig. Und kippt Wasser auf die Mühlen derer, die mehr nach einer selbstbezogenen, unpolitischen Glücks-Frömmigkeit trachten als nach dem Reich Gottes, das die jüdisch-christliche Tradition immer wieder in sozialen Dimensionen beschreibt.

Drewermann blendet »die ganze Dialektik der Wechselwirkung zwischen Ichstruktur und Gesellschaftsstruktur aus«, klagt der politische Theologe Kuno Füssel: »Nichts wird erwähnt von jener grundsätzlichen Problematik von Theologie und Praxis, Bewußtsein und Realität, subjektivem Faktor und objektiven Bedingungen, welche die politische Diskussion der letzten Jahre bewegt hat... es tritt die − im ganzen Klerikerbuch beschriebene − Aufdeckung der Neurosen des Priestertums an die Stelle der notwendigen Gesellschaftskritik.«[51] Füssels Kollege Dietrich Neuhaus geht noch weiter: Er hegt den Verdacht, es handele sich bei Drewermanns Theologie »um eine dezidiert staatstragende, und also um eine häretische politische Theologie«.[52]

Träume, Schäume, Pyramiden

> Der Schlaf heißt rücklings »falsch«;
> denn er betrügt uns oft,
> gibt Gold im Traume,
> gibt, wenn wir erwachen, Luft
> *Friedrich Freiherr von Logau*

»Nicht vom Wort und von der Geschichte, sondern vom Traum, vom Bild ist auszugehen«[53], denn der Traum ist »die zentrale Form der Gotteserfahrung«[54]. Ein Theologe, der seine Theologie nicht von dogmatischen Lehrsätzen oder vom Wort der Bibel ausgehend entwickelt, handelt unredlich und redet einer populärtheologischen Richtung das Wort, die in den geheimnisumwobenen Höhlen von Qumran den Schlüssel zum Verständnis aller Jesus-Geschichten finden will und schon immer wußte, das Jesus nicht am Kreuz, sondern als Greis und mehrfacher Vater in Indien gestorben ist.

Träume sind Schäume, sagt der Volksmund, und nimmt damit eine biblische Grundhaltung auf, die sich kritisch gegenüber nächtlichen Traumgesichten zeigt. Das weiß auch Drewermann, dessen Lieblingsbeschäftigung aber neben dem Schreiben das Träumen ist.[55] »Die Bibel tut sich sehr schwer mit den Träumen, die biblische Tradition hat eine große Scheu vor diesen Traditionen«, bekennt er in einer Fernseh-Talkrunde; darum, scheint ihm, »haben wir in der christlichen Tradition insbesondere das Träumen verlernen müssen.«[56] Eine typisch Drewermannsche These: Den Traum zum Ausgangspunkt aller theologischen Erwägungen machend, relativiert er eine biblische Grundausrichtung zur Bedeutungslosigkeit und baut auf die Gutgläubigkeit seines Publikums. Statt wenigstens die Berechtigung oder den Sinn der biblischen Traum-Skepsis darzustellen, steigt er beim Traum ein. Und weil ihm nicht in den Kram paßt, daß die Bibel so traumkritisch ist, schreibt er »die religiöse Achtung des Traumes eher ›heidnischen‹ als ursprünglich biblischen Quellen«[57] zu; ihm bleibt keine andere Möglichkeit, als »aus der Enge der jüdischen Gesetzesreligion« auszubrechen[58] und traumtänzerisch das Träumen zu deuten.

Ein perfekter Abhol-Mechanismus, bei dem Drewermann die Welt in richtig/falsch einteilt und das Kopfnicken vieler Fans erreicht: Es lohnt sich gar nicht die Bibel zu befragen – denn wenn sie etwas ablehnt, was »in allen großen Menschheitskulturen« gang und gäbe war, kann sie nicht recht haben. Dem Christentum haben die biblischen Schriftsteller jahrhunderte-, jahrtausendelang die rechte Träumerei vorenthalten – nun gilt es, sich aus den autoritären Klauen der Heiligen Schrift zu retten.

Drewermann schlachtet ihn deshalb gnadenlos aus, den Stoff, aus dem die Träume sind. Die Nachtgespinste, die fast jeder Mensch kennt, erhebt er in den Rang göttlicher Offenbarungen. Nicht nur das: Er fordert seine Fans und überhaupt alle Theologen auf, die Bibel mit den Augen des Träumenden zu lesen: »Unsere Theologen sollten die Bibel mindestens auf dem Niveau wieder interpretieren lernen, wie im Rahmen der Psychoanalyse heute Märchen interpretiert werden können.« Die »traumnahen Sprechweisen«[59] der Bibel sollten die Schriftgelehrten wiederentdecken. Ein einfache Gleichung mit vielen Unbekannten, eine Drewermannsche Pseudowahrheit, die auch nur für hochakademische Leser durchschaubar sein dürfte. Kriterium für »richtige« Theologie ist also erstens, eine psychologische Interpretation der Bibel zu erarbeiten, bei der diese zweitens formal mit Märchen gleichgesetzt wird. Das Buch mit den sieben Siegeln – ein Tummelplatz für träumerische Psycho-Interpretationen? Das scheint so, denn es geht darum, »den jeweiligen Text von sich selbst her nachzuträumen und nachzuempfinden, bis das gleiche Symbol, die gleiche Vision aus seiner eigenen Seele hervorgeht. Nicht mit etwas Fremdem, sondern stets mit dem Eigenen seiner Psyche wird er am Beispiel einer von außen an ihn herangetragenen Erzählung konfrontiert. Der Text wird zur Brücke, zur Vermittlung des Lesers mit sich selbst.«[60]

Doch mit sich selbst kann sogar Konsalik seine Leser konfrontieren. Das Fremde, Unbekannte, grenzt Drewermann auf diese Weise aus.

Statt dessen verkommt die Bibel zu einer »Sammlung von Identifikationstexten für menschliche Reifungsvorgänge«, wie ihm die beiden katholischen Theologen Gerhard Lohfink und Rudolf Pesch vorwerfen. Die beiden Theologen beklagen an Drewermanns Exegese, sie trete »in den Dienst gnostischer Traumbündnisse, deren Faszination viele religiös hungrige Zeitgenossen erliegen mögen, weil die Übereinstimmung mit den religiösen Träumen der Menschheit schon allein durch Einstimmung zustande kommt, während die Gemeinschaftsbildung im Gottesvolk die Umkehr voraussetzt, über die gesagt ist, daß eher ein Kamel durchs Nadelöhr geht.«[61] Ihr Buch »Tiefenpsychologie und keine Exegese« mit seinen unbequemen Kritikpunkten am Paderborner Bruder stieß auf auffallend wenig Aufmerksamkeit. Dabei übten hier zum ersten Mal katholische – fortschrittliche – Theologen inhaltliche Kritik, die nicht nur aus Machterhaltungsgründen motiviert war.

Drewermann konterte schon 15 Wochen später mit einem eigenen Buch: »An ihren Früchten sollt ihr sie erkennen«, nannte er es biblisch-rechthaberisch und wies alle Kritik souverän zurück. Nicht nur inhaltlich verwahrte er sich gegen die Vorwürfe, auch beklagte er, die beiden hätten große Nähe zum vatikanischen Glaubenswächter Kardinal Joseph Ratzinger. Das Buch entwertet er als »Gegenleistung für die honorige Haltung des Paderborner Erzbischofs gegenüber der Münchener Gemeinde«, in der die Verfasser ihre geistliche Heimat gefunden haben.[62]

Über Träume läßt sich wahrlich nicht diskutieren. Drewermann, der Traumdeuter von heute, interpretiert sie aber – in seiner Weise. Damit öffnet er der Manipulation Tor und Tür. Wie niedrig Drewermanns Haus-Verlag Walter das Niveau seiner Leser inzwischen einschätzt, ist aus dem Werbetext zu einem neuen Buch mit Reiseerlebnissen des Paderborners zu entnehmen; sie hätten Drewermann »zur Erfahrung und Einsicht gebracht, daß die Zeit in Wirklichkeit nur ein Teil der Ewigkeit ist«. Vielleicht hört sich so an, »wie ein Spinnweben im Spätherbst« von Gott zu sprechen?[63]

Der Schein des Heiligen

Glaubt ihr, ein Asket wolle
weniger herrschen als ein Weltmann?
Christian Morgenstern

»Der Ursprung Drewermanns geistiger Kraft und allumfassenden Liebe ist die persönliche Zurückgezogenheit, die den Flair des Heiligen ausmacht«, schreibt das »Single-Magazin ONE«; »als Single hat man die Energie und Chance, gegen eine Macht (welche auch immer) geistig anzutreten.«[64]

Der Hauch von Heiligkeit umgab Drewermann von der Stunde an, als Journalisten in sein Paderborner Reihenhaus einfielen. »Aus solchen Häusern flüchten auch Mieter mit robustem Gemüt: Stahltüren, Waschbeton, Fertigbau, Fahrstuhl und Treppe wie im Parkhaus.«[65] Hier lebt der »Sensibilist der Sensibilität«[66] wie ein moderner Säulenheiliger in der dritten Etage, legendarisch schon der Zusatz: ohne Telefon. Schlafcouch, Schreibtisch und Sitzecke sorgen für klostermäßig-freundliches Ambiente. Ein Baum in der Mitte mit einem Vogelnest, und sonst: Bücher, so weit das Auge reicht.

Hier verfaßt der Kleriker seine Bücher: 55 sind es bislang, über 15.000 Seiten, legendengemäß ebenfalls der Zusatz: alle mit der Hand geschrieben. Im Schnitt macht das 2 bis 3 Seiten – jeden Tag, 15 Jahre lang. Über 1,1 Millionen mal gingen sie über die Ladentische. Drewermann schreibt schneller, als seine Kritiker und Fans lesen können. Es kommt vor, daß die ersten Seiten eines Buches bereits gesetzt sind, wenn die letzten noch auf dem Schreibtisch am Paderwall liegen. Es ist nicht bekannt, daß der Vielschreiber Ghostwriter beschäftigt. Allein um zu lesen, was er an Literatur verarbeitet, bräuchte ein normal arbeitender Mensch oder Priester eine volle Arbeitswoche. Da die typischen Anzeichen alkoholischer Kräftezehrung in Drewermanns Körper fehlen, kann sein Arbeitstag nur asketisch ablaufen.

Und zölibatär. Obwohl: Wer immer wieder die Wichtigkeit der Erotik betont, die Schönheit der körperlichen Liebe besingt – kann der sich die Gefühle und Handlungen verkneifen, die zum ganzheitlichen Leben, zu dem uns Gott geschaffen hat, gehören? Wer einmal Drewer-

mann über das Hohelied der Liebe reden gehört hat, jenen vor körperli-
cher Erotik knisternden Text des Alten Testaments, ahnt, daß es da
mehr geben muß im Leben Drewermanns als Bücher lesen, schreiben,
Vorträge halten. Es sei ihm vergönnt.

Askese, Zölibat, Selbstbeherrschung: Als viertes Kriterium gehört zur
Heiligkeit das Martyrium. Auch das beherrscht Drewermann aufs Fein-
ste: Legt man seinen leidenden Gesichtsausdruck nicht als bewußtes
Mienenspiel aus, bleiben genügend objektive Vorfälle, die Drewermann
zum modernen Märtyrer um des Glaubens willen machen: Ständig an-
gefochten durch die katholische Hierarchie, seines Priesteramtes be-
raubt und von allen Seiten angegriffen − was kann heiliger sein, als um
der Wahrheit willen zu leiden? Zwar spritzt kein Blut aus des Therapeu-
ten Adern, zwar dräuen weder Gefängnis noch Verbrennung − doch
Drewermann kann sich eine ansehnliche Märtyrerakte anlegen: Verban-
nung des Priesters vom Lehramt, von der Kanzel und vom Altar − eine
öffentliche Karriere, wie sie nach 1945 fast keinem katholischen Theologen widerfahren ist.

»Mit seiner Selbstdarstellung wirkt er an der Verklärung durch seine
Anhänger mit«, meint Martin Merz, einer der wenigen Drewermann-di-
stanzierten Journalisten, in der »Zeit«.[67] Eine Szene in Paderborn bestätigt das: Eine weißhaarige Frau stellt sich vor Drewermann. Sie trägt
ein übermenschengroßes Holzkreuz. Wo einst der Körper Jesu angena-
gelt war, finden sich jetzt Namen eingraviert: Uta Ranke-Heinemann −
Hans Küng − Giordano Bruno − Leonardo Boff − Eugen Drewermann. Ein Ketzerkreuz soll es sein; ein Zeichen der Solidarität von Kir-
chenfrauen mit dem amtsenthobenen Priester. Drewermann blickt die
Frau sanft an; er entreißt ihr nicht das Kreuz, sondern läßt sich die
Ahnen- bzw. Leidgenossenreihe gefallen. Provoziert er doch selbst derartige Vergleiche. Rhetorisch geschickt, scheint er oft sich selbst zu beschreiben, wenn er von denen spricht, die ihm Vorbild sind. Erzählt er
von Giordano Bruno oder Galileo Galilei, sieht man förmlich die Flammen des Scheiterhaufens um den Paderborner Priester züngeln.

»Er wollte die Verkrüppelungen, die man Menschen zufügt im Ghetto
der Angst, und zwar vor allem der theologisch geformten Angst, endlich beseitigen . . . das wollte er: Daß Menschen durch ihn hingeführt
würden in den Raum eines absoluten Vertrauens . . .«[68] Was sich wie ein

Werbetext zu einem Drewermann-Buch anhört, ist Teil einer Beschreibung Jesu von Drewermann. »Religion war für Jesus wesentlich eine Heilung von der Angst... Von dieser Einstellung Gott gegenüber war Jesus so durchdrungen, daß er an Menschen glaubte, die den Glauben an sich selbst längst aufgegeben hatten...«[69]. Drewermann-Fans bräuchten nur »Jesus« gegen den Namen ihres Vorbilds auszutauschen, und sie hätten die erwartete Beschreibung Drewermanns.

Der scheint auf alle ihm wichtigen Ahnen und Vorbilder den eigenen Ansatz zurückzuprojizieren und so die religiösen Vorfahren zu Anwälten des eigenen Glaubensansatzes oder des eigenen Schicksals zu funktionalisieren.

Die Reihe derer, die dieses Schicksal teilen, ist lang. Sie führt vom Nazarener bis zum Indianerjungen Milomaki und Sigmund Freud, vom Propheten Jeremia bis hin zum kleinen Prinzen und schließlich Giordano Bruno, der sein Leben in Drewermannscher Sicht posthum sogar als Roman ertragen muß (»preziöser Edelschrott« eines »Kitschautors«, so daß Fazit des FAZ-Rezensenten)[70].

Am willkommensten scheinen Drewermann die Vergleiche mit Martin Luther zu sein, jenem Reformator, der mit seinen Thesen gegen den Katholizismus von 1517 an den Grundstein für die große Kirchentrennung legte. In gewohnter Projektionsmanier beschreibt der Katholik Drewermann den Reformator so, als ob er sich selbst beschreiben würde: »Es war nicht möglich, dem Augustinermönch Luther zuzubilligen, daß die Angst, die er in sich fühlte, die Angst einer ganzen Zeit und eines ganzen Kontinents widerspiegelte; man war katholischerseits außerstande zu begreifen, daß die Infragestellungen des Daseins, von denen Luther sprach, durch keinerlei Gesetz oder Weisung beruhigt, sondern allenfalls vermehrt werden konnten. Es war unvermeidbar, daß Luthers Kritik an der Theologie seiner Zeit bald schon zu einer Kritik an den Klerikern der Kirche bzw. an dem Beamtenstatus des Klerikerseins geriet...«[71]

Ausgerechnet ein lutherischer Oberkirchenrat leistet Drewermann in seiner Selbststilisierung zum Reformator der Postmoderne Schützenhilfe. Nicht nur gegen die katholische Kirche erhebe Drewermann Einspruch aus einer ureigenen lutherischen Position heraus wie die »Entdeckung des Individuums, Hinwendung zum Subjektiven, ... glaubwürdige persönliche Begegnung bei zunehmender Abwendung von dogmatisch starrer kirchlicher Belehrung«, meint Jürgen Jeziorowski; selbst der lutherischen Tradition könnte der amtsenthobene Priester Wegweiser zum wahren Protestantismus sein, denn »der Umweg über eine Analyse der Angst könnte sich als ein direkter Zugang zur Rechtfertigung des Menschen erweisen«. Auch die Ermittlung »kranker Anteile an Leben und Theologie« Luthers könnte Protestanten weiterbringen, meint Jeziorowski, der seinen katholischen Amtsbruder begeistert als »protestantischen Katholik« und »Meister der Bibelexegese« bezeichnet und seine Gespräche mit ihm in Buchform veröffentlichte.[72]

Dabei hatte vor dieser lutherischen Vereinnahmung Drewermanns (oder der Drewermannschen Vereinnahmung Luthers?) schon der evangelische Systematiker Hans-Martin Barth herausgearbeitet, daß das Drewermannsche paradigmatische »Gegensatzpaar von Angst und Vertrauen jedenfalls kategorial verschieden von der Distinktion zwischen Sünde und Gnade, reformatorisch gesprochen: zwischen Gesetz und Evangelium« sei.[73] Und auch psychoanalytisch geschulte Theologen wie Hartmut Raguse betonen, daß Drewermann nicht die lutherische Dialektik von Gesetz und Evangelium vertrete, sondern »auf der Seite der extremen Antinomisten« stehe. Das (alttestamentliche) Gesetz, das im Neuen Testament von Paulus als »heilig, gerecht und gut« bezeichnet wird, verkomme bei Drewermann zum »Versuch einer illusionären antigöttlichen Angstminderung« und trete »in den absoluten Gegensatz zur reinen Gottesliebe«. Raguse bringt als eindrückliches Beispiel einen Vergleich Drewermanns, in dem der Paderborner das alttestamentliche Gesetz mit dem der ehemaligen DDR in eins setzt: Ein Grenzsoldat, der aus Gewissensgründen und gegen die Vorschrift nicht auf einen Flüchtenden schieße, sei wie Jesus, der am Sabbat heilte.[74]

Fernsehprediger der Postmoderne

> Für das, was Sie da gesagt haben,
> bin ich Ihnen besonders dankbar.
> *Eugen Drewermann*

Drewermanns Wirkung in den Medien (für die er nicht allein die Verantwortung trägt) ist verblüffend, aber folgerichtig. Während sich das abgehalfterte Volkskirchensystem in Deutschland mit Müh und Ach seinem Ende nähert und um jedes Mitglied kämpft, setzt der Paderborner Superstar zum letzten Gnadenstoß an. Nicht nur Katholiken treten scharenweise aus ihrer Kirche aus; selbst die evangelischen Kirchen erhalten als Begründung für den Austritt oft ein Wort genannt: Drewermann. Nach dem Solidaritätszuschlag dürfte die unkritische Übernahme des Drewermannschen Klischee-Kirchenbildes der zweite Hauptgrund für den Exodus aus den Kirchen sein.

Was Tausende von engagierten Pastoren und Pastorinnen, Priestern und sonstigen Berufs-Christen nicht schaffen: die Menschen davon zu überzeugen, daß Kirche sich ändert, wenn ihre Mitglieder erst in den Gemeinden mitmischen –, das schafft Drewermann an einem Talk-Abend im Fernsehen, nur leider umgekehrt: Obwohl niemand so recht weiß, warum Drewermann selbst eigentlich noch in der Kirche ist, predigt er zwischen den Zeilen seinen Zuhörern den Austritt, besser: bietet er ihnen das letzte Argument, das sinkende Schiff Kirche zu verlassen.

Denn selbst Drewermann unterliegt den Gesetzen der Medienwirkung: In den seltensten Fällen führen Medien die Umkehr von Einstellungen herbei; statt dessen verstärken Medien Meinungen und Verhaltensmuster der Konsumenten.[75] Erscheint Drewermann auf dem Bildschirm, werden also nicht Kirchentreue zu kleinen Rebellen, die noch am Sonntagmorgen die Messe besuchten und am Montagmorgen im Standesamt ihren Austritt erklären. Nein, Drewermann verstärkt trotz seiner intellektuellen Höchstleistungen Stammtischeinstellungen billigster Machart. Endlich findet die schweigende Masse der Kirchensteuerzahler einen öffentlichen Verfechter ihrer Ideen. Endlich ein Gläubiger, prominent dazu, der dem Kirchenaustritt die Absolution erteilt. Der Unterschied bleibt den meisten unbewußt: Drewermann ist bewußter Christ, sein Publikum dagegen sucht nur nach Gründen, mit gutem Gewissen auszutreten.

Ob Drewer-, Heine-, Herrmann oder Deschner: Überzeugt von ihren eigenen Ideen oder haarscharfen Analysen verkommener Kirchlichkeit (wer hat eigentlich jemals behauptet, in der Kirche gehe es göttlich zu?), füllen sie die Köpfe der bestätigungsuchenden TV-Zapper mit Munition. Ob sie kirchenkritische Attitüde zeigen oder sich wie Elisabeth Motschmann, Georg Huntemann oder der Fuldaer Feindbild-Bischof Franz Dyba als lebendige Konservative vor die Kamera trauen – sie alle stricken nicht nur an der Verflachung der Medienszenerie mit, sondern auch am Niedergang der Kirchen. Denn selbst beim besten Willen bringen sie ihre jeweiligen Fangemeinden nicht dazu, über den eigenen Schatten zu springen. Zwar kann Drewermann neben Huntemann äußerlich Pluspunkte erzielen (sie unterhielten sich über die ethische Rechtfertigung des Golfkrieges) – doch daheim feixten sich die Zuschauer einen auf den jeweiligen Kontrahenten des eigenen Lagers.

Drewermann scheut sich nicht, die Medien zu nutzen. Das ist ihm auch nicht übelzunehmen. Im Gegenteil: den Bischofskanzleien sämtlicher Kirchen sollte er ein glänzendes Vorbild für wirksame Öffentlichkeitsarbeit sein. Millionenschwere PR-Kampagnen könnten die Kirche sparen, würden sie Drewermanns Themenspektrum ins Gespräch bringen, das so recht in die reizüberflutete und ständig auf Tabuthemen geifernde Medienmaschinerie paßt: eine Prise Zölibat mit der dazugehörigen Kritik; deutliche und fundierte Kirchenschelte (je harscher die Vergleiche, desto besser); schnelle und theologische Stellungnahmen zu aktuellen Themen (Golfkrieg, Gentechnik, Balkankrieg); einen Tropfen Märtyrerblut als Opfer großer Institutionen. Das wirkt – allemal bei gästesuchenden Talkshow-Redakteuren. Deren Gesichter dürften gänzlich glänzen, wenn der begehrte Talker sich selbst seine Kontrahenten einlädt, wie Drewermann, der seine theologischen Gegenspieler Rudolf Pesch und Gerhard Lohfink gleich selbst zum Streitgespräch ins Studio des Bayerischen Rundfunks bat.[76] Soviel Souveränität muten sich und anderen sonst nur die PR-Chefs großer Konzerne zu.

Aber in unserer Medienlandschaft hat nicht nur Drewermann die Zügel in der Hand. Gleichzeitig wird er zum Paradebeispiel dafür, wie wenig die Medienmacher an Themen interessiert sind; es geht um Personen. Obwohl es mindestens eine Hundertschaft von fähigen, gesprächigen, intellektuellen Theologinnen und Theologen allein in Deutschland gibt, die zu kirchlichen Themen etwas Gescheites auch vor der Kamera, auf dem heißen Stuhl oder in sonstigen Streit-Arenen hervorbringen könnten: Eingeladen werden Personen mit Extrempositionen. Schließlich will die Reizschwelle erreicht und die Einschaltquote gehalten bleiben – dazu sind kaum hochkarätig besetzte Experten-Diskussionsrunden fähig, sondern am ehesten zweitrangige Runden mit Promi-Christen.

Das bringt den abonnierten Dauergästen Aufträge ein, aber auf Kosten der Information der Zuschauer. Jeder kennt Horst Herrmanns Vorwürfe, die Kirche gehe verschwenderisch mit dem Geld um – aber weiß jemand, für wieviele sinnvolle Sachen die Kirchen ihr Geld ausgeben? Bischof Franz Dyba wettert gegen Abtreibung, in lautstarker ökumenischer Eintracht mit der evangelischen CDU-Pfarrfrau Elisabeth Motschmann – bessere Feindbilder findet man kaum. Doch wann wird je vermittelt, wie liberal selbst katholische Beratungsstellen mit dem Thema Abtreibung umgehen, wenn ungewollt Schwangere in ihren Stuben sitzen? Da zählt Leichenfledderer Karlheinz Deschner penibel sämtliche Tote der Kirchengeschichte vor und erntet allseitiges Entsetzen. Daß es in jedem Volk der Welt Kriege mit unzähligen Toten gegeben hat, daß die Kirchen nur ein Teil der weltlichen Macht waren – das bleibt höchstens Thema der Religions-Redaktionen der öffentlichrechtlichen Anstalten, die auf schlechtgesehenen Sendeplätzen versuchen, die Kohlen aus dem Feuer zu holen.

Auf dieselbe Weise geht Drewermann als Sieger aus den Fernsehduellen und Talkshows hervor. Selbst die religionskritische »tageszeitung« zollt dem Paderborner Kirchenmann Respekt. In der Kritik des von Wolfgang Herles moderierten ZDF-»Streitfalls« im Februar 1993 schreibt Manfred Kriener in flapsiger (und antijüdischer) Terminologie: Für den eingeladenen Erzbischof Josef Degenhardt »stieg der schwäbische Kleingeist und Bischof Walter Kasper in den Ring, der mit zusammengekniffenen Augen, schräg gestelltem Kopf und gelegentlich alttestamentarischem Grinsen eine erbärmliche Figur abgab. Ketzer Drewermann, im bunten Ringelpullover mit seinem bekannt sanften Augenaufschlag, dem leisen, warm-spiritualistischen Tonfall und der glänzenden Rhetorik, hatte den restvernunftbegabten Teil der Zuschauer spätestens nach der Auferstehungsrunde auf seine Seite. Ob denn Jesus tatsächlich leiblich-biologisch auferstanden sei und quasi wie ein Raumfahrer gen Himmel gedüst ist, wollte Herles vom Bischof wissen. Da war's dann schon zu Ende mit der bischöflichen Weisheit.«[77]

Was die *taz* auf den Punkt bringt, versucht Hermann J. Pottmeyer, Bochumer Fundamentaltheologe, genauer zu ergründen. Sein Ergebnis: Auf dogmatischer, argumentativer Ebene läßt sich heute kein theologisches Thema mehr vermitteln. Deswegen mußte Kasper neben Drewermann scheitern. Drewermann hingegen spreche ständig auf der Ebene »unmittelbarer Erfahrung« und könne so von Menschen besser verstanden werden.

Als eindrückliches Beispiel führt Pottmeyer einen Gesprächsabschnitt aus dem »Streitfall« an: Walter Kasper fragte, ob sich die kirchliche Eucharistiefeier, das Abendmahl also, auf Jesus berufen könne. Drewermanns Antwort: Jesus habe die Feier des Abendmahls jedenfalls nicht als trennendes Merkmal zwischen Katholiken und Protestanten gewollt. »In seiner Antwort springt er von der Ebene der unmittelbaren Erfahrung der Hörer, die an der Trennung der Konfessionen und Abendmahlsfeiernden leiden«, resümiert Pottmeyer; »indem Drewermann diese unmittelbare Erfahrung und diese nicht umstrittene Einsicht anspricht, gewinnt seine Antwort bei seinen Hörern unmittelbare Plausibilität.«[78] Was heißt: Punktsieg für Drewermann.

Der Drewermannschen Medientaktik ist selbst taz-Schreiber Kriener aufgesessen: »Ansonsten bestachen einmal mehr die Integrität und das soziale Engagement Drewermanns, sein ernsthafter Versuch, die Bibel zeitgemäß zu interpretieren, dem sie in ihrer alten Auslegung längst schon ausgeliefert ist. Es ist keine Frage, daß die katholische Kirche mit ihm ihren Besten vor die Türe setzt.« Monate später kündigt gar Thomas Gottschalk an, er würde im Falle einer Exkommunikation seines Glaubensbruders auch die Kirche verlassen.

Diskussion im Medienzeitalter: Gefragt sind Menschen, nicht Positionen; gefragt sind Punktsiege, keine theoretischen Auseinandersetzungen. Gefragt sind möglichst sofort erkennbare Fronten, keine Dialoge. Konservative mögen das bedauern, Christinnen und Christen erst recht: ruft die christliche Botschaft doch gerade dazu auf, Verständigung zu pflegen. Daß Drewermann ähnliche Kommunikationsstrukturen wie der katholische Machtapparat praktiziert, wenn auch undurchsichtiger und subtiler, wirft ein tragisches Licht auf den Streit um Drewermann.

Daß neben Drewermann oft evangelikale Gottesmänner und -frauen in Talkshows beliebte Gäste sind, ist nur auf den ersten Blick verwunderlich. Denn ähnlich wie die recht(s)gläubige Variante des fundamentalistischen Christentums argumentiert Drewermann, wenn er Jesus seine eigenen theologischen Ansichten und Erkenntnisse in den Mund legt. Weil Drewermann der Begründer eines tiefenpsychologischen Fundamentalismus ist, prallen beide Strömungen inhaltlich aufeinander, ohne zu ahnen, daß sie sich in den Begründungsverfahren ihrer steilen Thesen sehr nahe stehen.

Das wird deutlich im ersten Buch, das die evangelikale Szene dem Propheten aus dem anderen Lager widmet: »Was nun, Herr Drewermann?« Lothar Gassmann und Johannes Lange fassen die Kritik des evangelikalen Lagers zusammen.

Doch mit evangelikaler Argumentationsweise gegen Drewermann vorzugehen, gleicht der Teufelsaustreibung durch Beelzebub. Denn beide vertreten eine Art von Fundamentalismus, die sich nur schwer vom eigenen Glaubensgebäude lösen kann. In biblizistischer Manier zerlegen die Autoren einige Ansätze Drewermanns, um zum ständig gleichen Fazit zu kommen: »Der Widerspruch zwischen Drewermann und den Aussagen der Bibel ist unübersehbar. Daß Drewermann so viele Menschen fasziniert, ist kein Beweis dafür, daß er recht hat. Es ist vielmehr ein Hinweis darauf, daß sich die Prophetie der Heiligen Schrift erfüllt: ›Es wird eine Zeit kommen, in der sie die heilsame Lehre nicht ertragen werden; sondern nach ihren eigenen Lüsten werden sie sich selbst Lehrer aufladen, nach denen ihnen die Ohren jucken, und werden die Ohren von der Wahrheit abwenden und sich den Fabeln zukehren.‹«[79]

Die Evangelikalen verfolgen damit ein ähnlich geschlossenes Bibelauslegungssystem wie Drewermann: Ist es bei dem Paderborner der Zugang über die Tiefenpsychologie, die immer ein befreiendes Image hat, legen die konservativen Protestanten die gesetzliche Meßlatte wortwörtlicher Bibellektüre an die Heilige Schrift an. Sie mögen die historische Richtigkeit biblischer Legenden nicht fallenlassen zugunsten vager Psycho-Deutungen: »Wenn Jesus nicht den Sturm auf dem See Genezareth gestillt hat – wie sollte er dann die Macht haben, den Sturm in unserer Seele zu stillen?« fragen sie süffisant und rechthaberisch, und schließen: »Gott sei Dank ist dieser falsche ›Jesus‹ Drewermanns nicht der Jesus der Bibel!«[80] In ähnlicher Weise schießt sich der Präses des evangelischen Gnadauer Verbandes, Pfarrer Christoph Morgner, auf den ungeliebten Konkurrenten ein: »Wer Jesus demontiert, liefert keinen Beitrag zur innerchristlichen Diskussion, sondern zerstört christlichen Glauben im Kern ... Auf dem Brachland dessen, was er noch historisch gelten lassen kann, züchtet er wundersam blühende religiöse Christrosen.«[81] Und sein Amtsbruder Hartmut Günther setzt noch einen drauf: Drewermann »schließt die Schrift eher zu. Ein neuer Reformator? Mitnichten. Irrlichterndes Tasten ist, was er bietet. Dem folge besser niemand, wenn er Christus kennen will«.[82]

Eine weitere Gemeinsamkeit haben Evangelikale und Drewermann: die Vorliebe für die Funktionalisierung des Fernsehens für die eigene Botschaft. Sind es in USA und inzwischen auch in Deutschland evangelikale und pfingstlerische Fernsehprediger, die über die Engel des Kommunikationszeitalters, die Satelliten, ihre frohe Drohbotschaft senden, so trägt Drewermann als Fernsehprediger der neuen Generation auf seine Weise dazu bei, die Religion zu einem Teil der Unterhaltungsindustrie zu machen. Sein Stil ist dezenter, unauffälliger und sympathischer als alle Billy Grahams, Jerry Falwells und Kollegen zusammen.

Doch auch Drewermanns Botschaft mutiert durch die High-Tech des Fernsehzeitalters zu einem Rädchen der alles gleichmachenden Medienindustrie. Neil Postman, medienkritischer Literat aus den USA, analysiert in Hinblick auf die Fernsehprediger, »daß Gott im Fernsehen eine schemenhafte, untergeordnete Rolle spielt. Sein Name wird zwar ständig angerufen, aber das Erscheinungsbild des Predigers vermittelt in seiner konkreten, beharrlichen Präsenz die deutliche Botschaft, daß er, und nicht ER, angebetet werden soll. Ich will damit nicht sagen, daß der Prediger dies beabsichtigt, sondern nur, daß die Eindringlichkeit eines in Großaufnahme auf dem Bildschirm gezeigten Gesichts in Farbe die Götzendienerei zu einer ständigen Gefahr macht.«[83]

Selbst bei bestem Willen kann Drewermann über diese massenmedialen Gesetzlichkeiten nicht hinweg. Verehrung erfährt der Paderborner; statt Gott die Ehre zu geben, machen die Medien Drewermann zum Objekt der religiösen Begierde. Neil Postman verdeutlicht seine These, die nahtlos auf Drewermann übertragbar ist, mit einem verfremdeten Zitat der Philosophin Hannah Arendt (an Stelle des Wortes »Religion« schreibt Arendt »Hamlet«, und statt »bedeutende religiöse Traditionen« »bedeutende Autoren der Vergangenheit«):

»Diesen Zustand, der tatsächlich nirgendwo auf der Welt seinesgleichen hat, kann man wohl zutreffend als Massenkultur bezeichnen; gefördert und propagiert wird er nicht von den Massen und auch nicht von den Unterhaltungskünstlern, sondern von denen, die versuchen, die Massen mit Dingen zu unterhalten, welche früher einmal authentische Kulturobjekte waren, und die ihnen einreden, Religion könne genauso unterhaltsam sein wie *My Fair Lady* und außerdem auch noch zur Bildung beitragen. Die Gefahr solcher Bildungsangebote für die Massen besteht gerade darin, daß sie möglicherweise wirklich sehr unterhaltsam sein werden; viele bedeutende religiöse Traditionen der Vergangenheit haben Jahrhunderte der Vergessenheit und Vernachlässigung überlebt, aber noch ist die Frage nicht beantwortet, ob sie auch eine unterhaltsame Version dessen, was sie gesagt haben, überleben werden.«[84]

Kirche? Nein danke!

> Wollt ihr in der Kirche Schoß
> Wieder die Zerstreuten sammeln,
> Macht die Pforten breit und groß,
> Statt sie zu verrammeln.
> *Emanuel Geibel*

Dem *Spiegel*, selten verlegen bei der Suche nach verkaufsträchtigen Titelbildern fürs Weihnachtsheft, gelang 1993 ein Volltreffer. »Rebell Drewermann: ›Gott ja — Kirche nein‹«, titelte das Hamburger Nachrichtenmagazin.[85] Daneben, in Farbe: Drewermann, frisch gekämmt und mit ungewohnt freundlichem Lächeln, eine (Luther!-) Bibel lesend, in einen bestickten lilafarbenen Talar gehüllt. Vor mannshoch züngelnden Flammen im Hintergrund wirkt er wie der Leibhaftige persönlich: Der

Spiegel baute das Märtyrer-Image in transzendente Weiten aus: Drewermann im Fegefeuer.

Im Innenteil läuten die weihnachtsthemensuchenden Journalisten die letzte Runde des Drewermanns-Kampfes ein: er habe »Papst Johannes Paul II im Visier«. Die Sätze des Paderborners klingen in Augstein-Manier angespitzt wie nie. »Die Dogmen sind Hindernisse auf dem Weg zu Gott«, wird Drewermann zitiert, und: »Als Instanz zwischen Gott und den Menschen ist die Kirche überflüssig und schädlich.« Solche Sätze sitzen. Sie bestätigen das Klischee einer eintönigen, reaktionären Kirche, die nichts besseres zu tun hat, als ihre Gläubigen mit unsinnigen Dogmen zu erschlagen. Keine Differenzierung zwischen Kirche »oben« und Kirche »von unten«; Schlagworte dienen der Rückversicherung der Leser, die sowieso schon immer wußten: Wer glaubt, muß nicht in der Kirche sein. Mit frisch gestärktem Feindbild gehen die Intellektuellen in den Montag, freuen sich, daß sie ihre Kirchensteuer zu Recht und mit dem Segen des bekanntesten deutschen Theologen verweigern und gewinnbringend anlegen. »Christus wollte keine Kirche und er wollte keine Konfessionen, er wollte ein Reich Gottes«[86]: Derartige unreflektierte, träumerische und theologisch unredliche Sätze wie diese treiben mehr Menschen aus den Kirchen als das Verhalten eines immerhin noch berechenbaren erzkonservativen Bischofs wie Johannes Dyba. »»Kirche böse, Jesus gut; Gesellschaft böse, ich gut; ich=Jesus‹: Das ist deutsche Befreiungstheologie«, meint der Ex-Dominikaner Hans-Conrad Zander spitzzüngig; diesen Dreisatz habe nur Drewermann weitergeführt durch die Variation »Jesus sexuell gut, Klerus sexuell schlecht«.[87]

Vielleicht, in stillen Minuten, könnte auch Drewermann-Anhängern die Frage kommen, warum »der gute Mensch aus Paderborn . . . eigentlich in diesem Horror-Verein von katholischer Kirche unbedingt Mitglied sein« will, fragt die *taz* flapsig.[88] Ähnlich schrieb drei Jahre zuvor bereits der ehemalige Priester und heutige New-Age-Mann Hubertus Mynarek: »Ich muß gestehen, daß ich die Drewermanns, Küngs, Pfürtners usw., die in der Kirche bleiben, dennoch nicht verstehe. Sie wissen ganz genau, daß die Amtskirche in ihrer festgefügten Hierarchie nicht bekehrbar, nicht reformierbar ist, daß sie stets Macht vor Spiritualität und Moral setzen wird. Aber da ist ein letzter magischer Rest . . . Kollege Drewermann, . . . vernichten Sie in sich den letzten magischen Rest!«

fordert Mynarek in der esoterischen Zeitschrift »das neue Zeitalter«[89] seinen vermeintlichen Kampfgenossen auf.

Drewermann antwortet auf solche Fragen in gänzlich unbescheidener Weise. Mal setzt er sich gleich mit dem Propheten Jeremia: »Wie er für den Untergang Jerusalems gebetet hat, so müssen wir für den Untergang der Institution Kirche beten, damit Gott möglichst bald anfangen kann, das was er wirklich sagen möchte, in die Herzen der Menschen zu schreiben.«[90]

Das ist Sektenterminologie im wahrsten Sinne des Wortes: Die Menschen mit der »reinen« Lehre, bestätigt durch direkte, unvermittelte Gotteserfahrungen, wünschen der Religionsgruppe, der sie zugehör(t)en, den Untergang – den Tod. Drewermann und seine Jüngerinnenschar als Wahrer der reinen Lehre – eine durch und durch katholische Position.

Trotzdem bleibt völlig unklar, warum Drewermann noch nicht ausgetreten ist und von außen die verhaßte Kirche, die dieselben »Psychostrukturen« wie das Militär habe[91], attackiert. Das versucht Drewermann an anderer Stelle zu erklären, indem er sich mit einem Widerstandskämpfer unter der Nazi-Diktatur vergleicht. »Nehmen wir an, daß ein Offizier der Großdeutschen Wehrmacht um 1942 sehr gut begreift, daß für das deutsche Volk nichts Besseres passieren kann, als daß der ganze wahnsinnige Krieg nur möglichst bald verlorengeht; ein solcher Offizier darf an der Stelle, an welcher er steht, nicht emigirieren noch desertieren; er ist es sich selbst und den Menschen, für die er Verantwortung übernommen hat, schuldig, in den Widerstand zu gehen; gerade weil er begreift, daß das System des Faschismus von innen her nicht reformierbar ist, muß er versuchen, es von innen her zum Einsturz zu bringen.«[92] Wichtige Unterschiede werden verwischt, die Schrecken der Nazi-Zeit zum bloßen Vergleichsschinden heruntergespielt. Während der Offizier seinen Widerstand leicht mit dem Tod hätte bezahlen können, muß Drewermann nur mit dem Ausschluß aus einer Kirche rechnen, die er sowieso für unsinnig, gefährlich, glaubenshindernd erachtet.

Sache von Psychologen wäre es, ein Psychogramm des klerikalen Anti-Klerikers Eugen Drewermann zu erstellen. Wie kann sich ein Kirchenkritiker ernsthaft mit einem Widerstandskämpfer des Dritten Reichs identifizieren? Welche psychischen Blockaden halten diesen Mann davon ab, endlich die Institution, unter der er leidet, mit einem kräftigen Tritt in den Hintern zu verlassen? Und wann zieht er endlich die Konsequenzen aus seinem verhinderten Klerikerleben, wird Bäcker, Märchenerzähler, Trauerredner, was auch immer, aber trauert nicht mehr mit masochistischer Miene seiner Kirche, seiner Lehrbefugnis, seinem Priesteramt hinterher?

Nicht nur um seiner eigenen Seele willen wäre ihm der Austritt geraten, auch um der Seelen seiner vielen Anhänger. Denn auf diese Weise bekommen sie wieder und wieder einen Märtyrer vorgesetzt, an dessen Leiden sie sich ergötzen können: Statt die letzte Konsequenz aus einer Erkenntnis zu ziehen, züchtet er seine psychischen Blockaden und wendet den Zorn ins Selbstquälerische. Gift für jede Gesellschaft, die sowieso darunter leidet, daß niemand Mut zum ersten Schritt hat, um gegen den Strom zu schwimmen.

V. Die Theologie

Die Lehre von den zwei Göttern

Drewermanns Theologie erscheint einfach und einleuchtend, sie gibt sich nah und menschenfreundlich. Drewermann macht es seinen Lesern leicht. Denn für ihn ist, wie er immer wieder betont, die Erkenntnis Gottes im Prinzip jedem Menschen unmittelbar zugänglich. Gottes Wille, seine Liebe, sein Reich kann der Mensch in der Schönheit und Bewegung der leblosen Natur wie der lebendigen Kreatur direkt erfahren.

»Du herrschst im ruhelosen Wogen der Gezeiten, Du wirkst im Aufbau der Kristalle, Du formst Dich in den Gliederfüßchen einer Krabbe, Du schaust uns an im neugierigen Blick des Rhesusäffchens, Du bist die Zärtlichkeit, mit der ein Kätzchen seine Jungen leckt, Du bist die Kraft, mit der die Löwin ihre Beute reißt. Dein Reich ist Liebe, Ordnung, Weisheit und oft schier unbegreifbare Gleichgültigkeit und Grausamkeit; in Dir fügt sich zusammen, was, wenn wir es sehen oder tun, sich immer wieder widerspricht.«[93]

Drewermann glaubt Gott gegenwärtig in den Tränen, die eine Frau nach einer zerbrochenen Ehe vergießt, in dem Mut, mit dem ein Kind sich gegen elterliche Tyrannei wehrt, in dem Aufstand der Farbigen in Alabama und Johannesburg, in der Schönheit einer Koralle am Strand und der Größe der Spiralnebel ebenso wie in der Winzigkeit der Atome.[94] Im Unterschied zu christlicher Theologie ist für Drewermann nicht allein die biblische Geschichte Zeugnis von Gottes Offenbarung. Gott offenbart sich ihm in der ganzen Evolutionsgeschichte der Welt.

»Die eigentliche Menschwerdung hat kaum erst begonnen, und was eigentlich hindert uns, auch als Christen die Vorstellung der Hindus als weise und wahr zu erachten, daß Vishnu, die zweite Person der dreifaltigen Gottheit, immer wieder, auf jeder Stufe der Entfaltung des Lebens, auf die Erde kommt, um in immer neuen Formen und Gestaltungen sichtbar zu werden?«[95] Die Sehnsucht nach Gottes Reich und Liebe findet Drewermann in der Entwicklung alles Lebendigen und in der Geschichte aller Völker. Spuren von Gott sind in den religiösen Bildern der Menschen aller Kulturen vorhanden.

Gott ist eigentlich von den dynamischen Kräften der kosmischen Evolution nicht mehr zu unterscheiden. »Ich glaube, daß Gott die stärkste Energie ist, die wir seit Milliarden Jahren im Herzen der Evolution beobachten.«[96] Wir begegnen Gott in Drewermanns Religion geradezu überall. Einen Wesensunterschied zwischen Gott und Welt gibt es bei ihm letztlich nicht mehr. Theologen nennen das Pantheismus.

Der modernen, kirchenfernen Frömmigkeit, die Gott einerseits in der Natur zu erfahren meint, ihn andererseits als ungreifbares Schicksal wähnt, kommt Drewermann mit solchen Formulierungen zweifellos sehr entgegen. Das Problematische an dieser Vorstellung ist, daß das biblische Bild für das Verhältnis von Gott und Welt, die Rede vom Schöpfer und seinem Geschöpf, im Grunde hinfällig wird. Die biblische Rede von Gott und Mensch steht und fällt mit der unüberschreitbaren Grenze zwischen beiden. Bei Drewermann aber wird Gott in die Zweideutigkeit der Natur, ihre Grausamkeit und Schönheit, hineingezogen. Wo Wahrnehmungen in der Natur aber direkt zur Quelle der Erkenntnis des göttlichen Wirkens gemacht werden, besteht kein zwingender Grund, es auf die harmonische und ästhetische Seite zu beschränken. Und wenn die menschliche Geschichte von der Evolution der Natur nicht wesentlich unterschieden ist – für Drewermann hat die Menschwerdung kaum erst begonnen –, besteht letztlich kein zwingender Grund, die angeblich göttlichen Zweideutigkeiten der Natur nicht in die menschliche Geschichte hinein zu verlängern. Warum also wirkt Gott dann nicht auch in schlagenden Ehemännern, im Wüten der Tyrannen, in den rollenden Panzern von Militärdiktatoren ebenso wie die Beute reißende Löwin seine Gleichgültigkeit und Grausamkeit offenbart? Gottes Liebe schreibt Drewermann hauptsächlich seiner unerforschlichen Allmacht zu – und nicht umgekehrt die Allmacht der aus unerforschlichen Gründen eindeutigen Liebe. Letzteres wäre biblische Rede von Gott: reines Wollen von Gerechtigkeit.

Für Drewermann sind aber die Grausamkeit der Natur und die menschliche Liebe gleichermaßen Gotteserfahrungen. Er versucht nicht, die Unvereinbarkeit beider Erfahrungen theologisch zu deuten. Sondern er überspringt sie in eine gedankliche Leere hinein, die er mit der Behauptung überhöht, eine höhere Form des Glaubens sei der Glaube ans Paradox, an die Einheit des Unvereinbaren, an zwei Götter, die beide eins sind.[97] Damit wird »Glaube« jedoch auf die Struktur eines absolut autoritären »Dogmas« zugeschnitten.

Dieses Dilemma in seinem Denken versucht Drewermann mit einer pathetischen Einlassung zu entgehen. Das Besondere und Einmalige der menschlichen Existenz bestehe in ihrer Personalität, der eine absolute Dimension, eine absolute Bedeutung zukomme. Jeder einzelne Mensch sei absolut wichtig. Und um sich selbst als absolut wichtig zu erkennen, »muß der Mensch im Bewußtsein Gott als eine absolute Person glauben können, ... die ihm die Angst nimmt, dem Heerbann der eigenen Bilder zu entgehen... In dessen Liebe sich die eigene Person ganz und gar um ihrer selbst Willen gemeint, getragen und umfangen fühlen kann.«[98]

So entsteht das Bild von einer in ihrer wunderbaren Schönheit wie in ihrer unverständlichen Grausamkeit gottgewirkten Naturgeschichte vom Urknall bis zum Säugetier. Auf ihrem Gipfel erhebt sich als Personwesen der Mensch, der sich im Glauben als von Gottes Liebe getragen wissen kann. Als leibliches und triebhaftes Wesen hat der Mensch Anteil an der zweideutigen und hinfälligen Naturgeschichte, durchzieht ihn die Spannung zwischen irdischer Einsamkeit und Tod, aber auch zwischen personaler Liebe und Ewigkeit. »Was Menschen einander zu schenken vermögen, ist die Verführung (!) zu dem Glauben an die Ewigkeit und Unsterblichkeit der eigenen Person in der Zauberkraft der Liebe. Ein jeder Mensch ist als irdische Existenz weniger hinfällig und zerbrechlich als Schneeflocken im Wind; aber in der Liebe erhebt er sich über die Natur und eröffnet dem Anderen in dem Gefühl einer überfließenden Dankbarkeit für die Schönheit seiner Existenz einen Einblick in die Sphäre einer absoluten Personalität und Liebe, die als Grund und Ursprung alles Seins erscheint.«[99]

Allein die Bibel und die Kirche in ihrer Rede von Gott wissen darum, »daß es für einen Menschen eines absoluten Gegenübers der Liebe bedarf, um seiner eigenen unveräußerlichen Personalität und wahren Gestalt inne zu werden«[100]. Er betrachtet es als »ein und dasselbe, an Gott als Person, als weltjenseitigen Willen und ewige Liebe zu glauben und die menschliche Person als etwas Absolutes zu betrachten«[101]. Die besondere Aufgabe der Kirche sei es deshalb, bei der Lösung der religiösen, metaphysischen Fragen zu helfen, »die zum Wesen des Menschen gehören und aller Hilfsbereitschaft vor allem seitens der sozial Reichen immer wieder im Wege stehen: die Nichtigkeit der menschlichen Existenz, die Todverfallenheit des Daseins und die metaphysische Armseligkeit eines Menschseins ohne Gott«[102].

Das Problem, das sich Drewermann damit aufbürdet, ist unüberwindbar. Es gibt nur die Behauptung der Bedürftigkeit des Menschen nach einem personalen Gott – und damit hat es sich. Gott ist in diesem Konzept nur funktional wichtig, nämlich für die Personwerdung des Menschen. In Drewermanns Theologie hat Gott kein Ich, kein Eigenwesen. Er ist nicht Subjekt, sondern Funktion.

Besonders deutlich wird das in dem Aufsatz »Was verdient, Gott genannt zu werden?« Darin führt er aus: »Gott verdient, einzig jenes Geheimnis genannt zu werden, das wir die ewige Liebe, den ›Vater‹, den ›Schöpfer‹ heißen, weil er allein uns zu sagen vermag, daß es uns überzählige, hinfällige, nichtige Wesen in seinen Augen geben muß, einfach deswegen, weil er möchte, daß wir sind. Dieses Geheimnis, das wir Gott nennen, erfahren wir, wenn wir einander lieben . . . Aus diesem Geheimnis, uns leben zu lehren, war das ganze Bemühen des Jesus von Nazareth. Die Welt unter unseren Füßen ist wie ein offenes, stürmisches Meer; doch Jesus wollte, daß wir es lernten, über die Wellen hinweg zu gehen. Der Abgrund trägt . . . Wenn wir nur unverwandt schauen auf die Macht, die seit Ewigkeit möchte, daß es uns gibt. Ein solches unbedingtes Vertrauen lebte in Jesus von Nazareth.«[103]

Wie dieses Zitat deutlich zeigt, ernennt Drewermann ein *Neutrum* zu Gott, nämlich das beschriebene, angebliche Geheimnis. Die Rede von Gott als Person ist unvermittelt und logisch nicht notwendig. Auch für Atheisten ist es möglich, vor diesem *Geheimnis* ehrfürchtige Gefühle zu pflegen. Um mich *absolut getragen* zu wähnen, brauche ich keine Rede von Gott. Das Geheimnis dieser Sätze ist eigentlich der in ihnen enthaltene, unvermittelte und suggestive Sprung vom Bewußtsein der Nichtigkeit ins unbedingte Vertrauen.

Damit sind wir bei Drewermanns zentraler weltanschaulicher Konstruktion, der Bühne seiner Theologie, auf der er sein Erlösungsdrama »Befreiung aus der Angst« aufführt. Wodurch ist eigentlich die Behauptung von der ursprünglichen Nichtigkeit der menschlichen Kreatur gedeckt, die erst durch einen Prozeß der Selbstfindung zum Bewußtsein ihrer Annahme durch Gott kommt? Biblisch ist diese Aussage nicht gedeckt. Ihr zufolge ist der Mensch ursprünglich nicht als Kreatur nichtig, sondern wichtig; denn als Mann und als Frau ist der Mensch Ebenbild Gottes (1. Mos. 1,26). Biblisch ist Gott nicht der fragwürdig motivierte Vater, der uns elende Kreaturen erst über einen angsterregenden Abgrund hält, um uns dann vor ihm zu retten, sondern er ist der Gütige, der die Menschen von vornherein zu fähigen Verwaltern seines Erdgartens gemacht hat. Bei Drewermann dagegen steht der Mensch nicht mit beiden Beinen auf dieser Erde, sondern in den abgründigen Tiefen seines Seelenlebens. Dieses gewinnt in seiner Theologie ein solches Eigengewicht, daß ihr Thema nicht mehr Gott ist, der sich mit Menschen in ihrer irdischen Geschichte verbündet, sondern der Mensch, der aufgrund seiner psychischen Befindlichkeit ein Absolutum, Gott, braucht.

Drewermanns Theologie besteht nicht darin, die Existenz Gottes, sein Handeln in der menschlichen Geschichte, zu bezeugen, sondern in der Behauptung, für den Menschen sei der Glaube an seine Existenz *psychisch notwendig*. Nicht, daß er wirklich existiert, ist Ausgangspunkt seiner Theologie, sondern, daß der Mensch glaubt bzw. glauben muß, daß er existiert, wenn er nicht in den konstruierten Abgründen von Natur und Seele untergehen soll.

Was Glaube bedeutet, verschiebt dadurch seinen Sinn. Biblisch geht es um das Vertrauen Israels auf Gott, der immer wieder geschichtlich befreiend handelt. Was einmal geschah, wird auch immer wieder geschehen können, sowohl die Errettung Israels aus der Sklaverei in Ägypten (Ps. 77), wie die Befreiung des Volkes vom Götzendienst dadurch, daß Elia wiederkommt (Mal. 4). Das Neue Testament hofft auf das Wiederkommen Jesu, d.h. auf die Fortsetzung und Erfüllung der Geschichte der Gottesherrschaft, die in seinem Leben und Sterben begonnen hat (Apg. 1,4-14). Der Glaube Drewermanns hat damit wenig zu tun. Er lehnt geschichtlich erinnerte und deshalb erwartbare Befreiungsereignisse ausdrücklich ab:

»Auch eine äußere Erwartung des baldigen Kommens der Gottesherrschaft ist und war stets eine Hoffnung, die trog und trügen mußte.«[104] Glaube ist bei ihm das Bewußtsein der individuellen Unsterblichkeit, wobei unerheblich bleibt, ob der geglaubte Inhalt real oder illusionär ist. So wie die Person ohne das Bewußtsein von Gott nichts wäre, so die Regung der Liebe nichts ohne den Glauben an Unsterblichkeit: »... alles kommt mithin darauf an, die Gewißheit der Liebe als objektive Wahrheit zu glauben... Es ist der Anspruch der Liebe, daß der Mensch, dessen Wesen und Wort man als unvergleichlich und einmalig entdeckt und in dem das ganze Glück der Welt wie in einem Brennpunkt sich sammelt, auf immer lebe und sein Tod nur ein vorübergehender Abschied sei. Die Liebe hat die Macht eines metaphysischen Beweises...«[105]

Nicht daß Gott ist, sondern daß der Mensch an Gott glaubt und im Bewußtsein der Liebe ist, kennzeichnet Drewermann zufolge die Existenz im Glauben. Der Realitätsbezug des Glaubens bleibt dabei sekundär. Das erinnert an die Marxsche Wendung von der Religion als dem Opium des Volkes, einer Illusion, derer der Mensch bedarf, um zu leben. Auch bei Drewermann ist Glaube reduziert auf eine seelische Notwendigkeit, der Gottesbegriff auf das existentielle Postulat der angstfreien Person. Gott wird hier zur begrifflichen Krücke für die Selbstfindung des Menschen als absolute Person, was immer diese nun sein mag. Theologie ist damit vollständig in Psychologie aufgelöst.

Konsequenterweise hat die Kirche nun gegenüber einer solchen Welt der psychischen Prozesse keinen eigenen Inhalt zu verkünden. Die Taufe etwa steht allein für seelische Reifungsprozesse, wenn auch die höchsten. Sie erscheint als religiöse Ritualsprache für die Individuation des Menschen zu einem angstfreien Wesen.[106] Biblisch aber beinhaltet die Taufe auf den Namen Jesu, daß der Gott Israels nicht die Person des Menschen ansieht, sondern alle, die ihn fürchten und Gerechtigkeit lieben, in seine Bundesgeschichte hineinholen will (Apg. 10,24 f; Matth. 28,19,20).

Daß Drewermanns Theologie eine melancholische Melodie hat und daß kein rechter Freudengesang aufkommen will, wird so verständlich. Denn durch sie wird keine Zuversicht vermittelt. Es fehlt die frohe Botschaft des Evangeliums: Zukunftsfreude, geschichtlich orientierte Zuversicht.

»Sagt unter den Stämmen: Der Herr ist König,
    wohl fest steht die Welt, nie wankt sie.

Errichtet die Völker mit Geradheit.
Freuen sollen sich die Himmel, und es frohlocke das Land,
das Meer dröhne und was es füllt.
Das Gefild ergötze sich und alles was drauf ist,
dann sollen jubeln alle Bäume des Waldes
vor dem Antlitz des Herrn, da er kommt,
da er kommt, zu richten das Land.
Er richtet die Welt mit Gerechtigkeit
und die Völker mit seiner Treue.«

(Ps. 96,10-13)

»Wie anmutig sind auf den Bergen die Füße des Freudekünders,
der hören läßt: Friede!, der Freude kündet: Glück!,
der hören läßt: Befreiung!, der zu Zion spricht: König ist dein
Gott!
Stimme deiner Späher, sie erheben die Stimme, vereint jubeln sie,
denn Aug in Aug sehen sie, wie umkehrt der Herr nach Zion.
Aufjauchzet, jubelt vereint, Trümmer Jerusalems,
denn der Herr tröstet sein Volk, er löst Jerusalem aus.
Entblößt hat der Herr den Arm seiner Heiligung vor den Augen
aller Völker,
das sehen alle Enden der Erde die Befreiertat unseres Gottes.
Weichet! Weichet! Ziehet aus von dort!
Unreines berühret nicht! Ziehet aus von ihrer Mitte!
Reiniget Euch, Träger der Geräte des Herrn!
Ja nicht in Hast ziehet aus und in Flucht gehet nicht,
es geht ja vor eurem Angesicht der Herr, und eure Nachhut ist der
Gott Israel.«

(Jes. 52,7-12)

Das alle Menschen betreffende Wirken Gottes bezeugt sich biblisch
darin, daß er geschichtlich handelt und gerechte zwischenmenschliche
Verhältnisse wiederhergestellt werden. Die Rückkehr der exilierten Juden nach Zion, einige Jahrzehnte nach der Zerstörung des Tempels Sa-
lomos durch die babylonischen Kriegsheere, ist im biblischen Denken
Heimkehr Gottes selbst in seine Stadt und die Wiederholung der Befrei-

ung seines Volkes aus Ägypten. Deshalb Gottes Heimkehr, weil das geschichtlich Unvorstellbare geschah: Wiederherstellung des Rechts! Deshalb sollen die Israeliten nicht in angstvoller Hast und fluchtartig aus dem Exil heimkehren, wie noch beim Auszug aus Ägypten (2. Mos. 12,33.39). Die Treue des geschichtlich handelnden Gottes soll öffentlich und demonstrativ bekundet werden. Die Bedeutung dieses geschichtlichen Befreiungsgeschehens ist nicht auf das Volk Israel begrenzt, sondern betrifft die ganze Völkerwelt. Was hier an Gerechtigkeit geschah, hat für die ganze Welt Gültigkeit. Es hat Verheißungscharakter. Biblisch: Gott bewahrheitet seine Treue an Israel und an der Völkerwelt in der Herbeiführung geschichtlich konkreter und ökumenischer, erdumfassender Gerechtigkeit.

Hinzu kommt ein Zweites: Es handelt sich um zukünftige geschichtliche Ereignisse, um Ereignisse, auf deren Kommen die biblischen Schriftsteller, das glaubende Israel, mit ganzem Herzen (5. Mos. 5,4) gewartet und gehofft haben. In der Aussicht auf ihr Kommen lag für sie eine Art Gottesbeweis, ein handfestes Zeichen für das Wirken des gerechten Gottes, der Israel aus der Sklaverei befreit hatte, inmitten der ungerechten, machtgierigen und kriegslüsternen Völkerwelt.

Es gab zwar immer wieder Ereignisse, in denen sich solche Hoffnungen teilweise erfüllten: Besonders die Errettung und das Überleben des kleinen Israel unter den antiken und späteren Weltreichen gehört dazu. Aber die Ankunft des ganz anderen Weltzeitalters, wo Gottes Friede bis an die Enden der Erde reicht (Ps. 46,10; Jes. 49,6), ließ und läßt auf sich warten. Die Bibel und der Talmud sprechen im Blick auf diese menschheitsgeschichtliche Zeitenwende von »diesem Weltzeitalter« und vom »kommenden Weltzeitalter«. Das Ausbleiben des erhofften geschichtlichen Weltzustandes löste also nicht Resignation aus. Im Laufe der Zeit bildete sich in Israel vielmehr die Vorstellung heraus, irgendwann, zu einem Zeitpunkt, den Gott bestimme, werde er seinen Gesalbten, den Messias, vom Himmel her senden. Mit ihm werde das erwartete Himmelreich auf Erden seinen Anfang nehmen. Über die irdischen Vorbedingungen für dieses Ereignis herrscht bis heute eine rege, kontroverse rabbinische Diskussion ohne Einigkeit. Aber die Diskussion bezeugt diesen Glauben: kommen wird der Messias in jedem Fall.

Gott ist im biblisch-jüdischen Denken so an die Geschichte gebunden, daß wir sagen können, daß er praktisch das nicht greif- und beweisbare, aber geglaubte Prinzip des geschichtlichen Siegs des Guten, der Gerechtigkeit schlechthin ist. »Wenn sie daran nicht glauben«, sagt der französisch-jüdische Philosoph Emanuel Lévinas, »daß der Messias in jedem Fall kommen wird, dann glauben sie nicht mehr an Gott.«[107]

Manchen erscheint es ungerecht, Drewermanns Theologie der Geschichtslosigkeit und der politischen Enthaltsamkeit zu zeihen. Seine Gebete klingen durchaus politisch, sie sind auch parteilich für die Armen und Unterdrückten gemeint.

»Dein Reich, das ist die mutige Empörung der in Lohnabhängigkeit Versklavten, das ist die Rebellion der ewig Ausgebeuteten... dein Reich, das ist zu kämpfen um die Würde jedes Menschen und um das Daseinsrecht selbst des geringsten Teiles deiner Schöpfung... darum zerbrich das Lügenreich, im welchem Menschen über Menschen herrschen, vereitle die Eitelkeit der Mächtigen, nimm weg aus unseren Herzen die angstgedeckte Fügsamkeit, die falsche Anpassung, den Untertanengeist des faulen, kopfnickenden, selbstverlorenen Gehorsams.«[108]

Selbstverständlich spricht aus diesen Worten Hoffnung auf gerechtere, gesellschaftliche, geschichtliche Verhältnisse. Doch hat diese Hoffnung in der Theologie Drewermanns keinen Grund. Denn eine geschichtliche Hoffnung muß, um wirklich tröstend und befreiend zu sein, auch geschichtlich begründet sein. Dies ist aber nur theologisch in der Rede vom geschichtlich handelnden Gott möglich.

Unsterblichkeit im Wüstensand statt Auszug aus Ägypten

Auffallend sind in Drewermanns Veröffentlichungen nicht nur seine wiederholten Bezugnahmen auf die Religionen anderer Kulturen, sondern darüber hinaus seine besondere Vorliebe für die ägyptische Religion der Pharaonenzeit. Sie hat für ihn zentrale theologische Bedeutung. Nur wer der Poetik des alten Ägypten nachträume, könne verstehen, was Jesus bedeutet[109], denn die Ägypter seien unter den Völkern »das ewigkeitskundigste von allen«. An der in der alten ägyptischen Religion besonders kräftig ausgeprägten »absoluten Hoffnung auf Ewigkeit und Unsterblichkeit«[110] findet Drewermann besonderes Gefallen.

Nirgends aber reflektiert er diese Vorliebe im Licht des biblischen Zeugnisses vom Gott Israels, der sich ja auch jedem Christen gleich im Eingang der Zehn Gebote vorstellt als derjenige, der sein Volk aus der Sklaverei in Ägypten befreit hat: »Ich bin der Herr, dein Gott, der ich dich aus Ägypten, aus der Knechtschaft, geführt habe.« (2. Mos. 20,2)

Die biblische Neugierde an den ägyptischen Mythen ist im einzelnen wenig entwickelt. Die ägyptischen Götter fallen, wie alles bildhaft Heidnische, unter die prophetische Götzenkritik. Die zehn Plagen (2. Mos. 7-12) sind eine Art Jubelgesang des befreiten Israel, in dem die Israeliten ihre geschichtliche Befreiung als den Sieg des Gottes Israels über die pharaonischen Götzen bekennen. Ausgeprägt ist in der Bibel das Interesse am geschichtlichen Ereignis des Auszugs in seiner sozialpolitischen Bedeutung.

Unzählige Male finden sich im Alten Testament Gesetzestexte, die ein bestimmtes soziales Verhalten mit dieser geschichtlichen Befreiung begründen: »Biege nicht das Recht eines Fremdlings, einer Waise, beschlagnahme nicht das Gewand einer Witwe, gedenke, daß du Knecht warst in Ägypten, daß der Herr, dein Gott, dich von dort befreit hat, darum gebiete ich dir, diese Sache zu tun.« (5. Mos. 24,17f; 3. Mos. 19,33-37; 2. Mos. 22,20-24)

Nicht die Welt der ägyptischen Mythen, sondern die Befreiung aus der ägyptischen Sklaverei gehört zur biblischen Visitenkarte Gottes. Für Drewermann hingegen spielt die pharaonische Sklavenhaltergesellschaft keine Rolle, und der Auszug Israels aus ihr ist für ihn als geschichtliches Ereignis bedeutungslos. Ihm geht es um »das Typische« in den Geschichtserzählungen von Auszug und Wüstenwanderung[111]. Die konkreten Geschehnisse werden in seiner Auslegung zu tiefenpsychologisch deutbaren Bildern von allgemein-menschlichen Erfahrungen. Der Pharao erscheint als vergötzte und angstbesetzte Autorität, als projizierte Allmacht, von der es sich seelisch zu befreien gilt. Der Rettungszug durch das Schilfmeer (2. Mos. 13-15) ist die Überwindung der Angst, der Kampf gegen Amalek (2. Mos. 17,8-16; 5. Mos. 25,17-19) die Verteidigung der erreichten inneren Unabhängigkeit. Der goldene Stier (2. Mos. 32) steht ihm für die Versuchung einer rein materialistischen, auf pure Ich-Durchsetzung zielenden Lebenseinstellung. Den Bericht der Kundschafter über die Riesen im verheißenen Land und die Furcht vor ihnen (4. Mos. 13) deutet er als die erneut aufkommende Angst vor dem Erreichen des Zieles. »So formt sich die Geschichte von der Volkwerdung Israels zu einem Blick der Selbstwerdung eines jeden von uns.«[112] Das politisch Konkrete und geschichtlich Besondere wird in solcher Deutung zur Chiffre, zum Bild für eine allgemein-menschliche Seelenreifung. Drewermanns Erkenntnisgewinn aus den biblischen Geschichten ist dabei keineswegs originell. Denn dieselben Einsichten über psychische Reifungsprozesse gehören auch ohne biblischen Rückbezug im Rahmen emanzipatorischen Denkens weitgehend zum Allgemeingut unserer Gesellschaft.

Dagegen sieht die Bibel im Pharao und in Ägypten ein politisches Götzensystem, das Menschen versklavt; im Durchgang durchs Schilfmeer die realpolitische Errettung aus der Gewalt der Todesmacht; im Kampf gegen Amalek die verzweifelte Verteidigung gegen die Raub- und Beutegier unter den Völkern; im goldenen Stier den Rückfall zum ägyptischen Götzenkult; in der Erzählung von den Riesen in Kanaan die reale Überlegenheit der kanaanäischen Stadtkultur über die nomadisierenden, Brunnen, Weidegründe und eigenes Land suchenden, als Sklaven entflohenen Hebräer. Die Bedeutung dieser Erzählungen zielt nicht auf die darin erkennbare und verallgemeinerbare Geschichte politischer Befreiung schlechthin. Sondern diese politische Geschichte (Ägypten, Amalek, Kanaan), die die Züge des Allgemeinen trägt (Götzen, Kriege, Gewalt), ist Siegel von etwas geschichtlich Besonderem: Eine Gemeinschaft von entlaufenen Sklaven schart sich um die eine einzigartige Weisung, das Gesetz der Gerechtigkeit, Israel wird Volk der Thora.

Die Bibel will das geschichtlich Unwahrscheinliche bezeugen, daß sich gegen all diese und andere geschichtlichen, machtpolitischen Widrigkeiten und durch sie hindurch, eine wunderbare Rettung ereignet hat. Diese ist weniger von psychologischer, als zuerst von weltgeschichtlicher Bedeutung. Als solche kommt sie uns allen zu Gute. Es handelt sich um die Rettung Israels, das am Sinai die Weisung Gottes empfing, das Gesetz sozialer Gerechtigkeit und die Botschaft vom weltweiten Frieden. Hätte Israel all jene Gefährdungen seiner Existenz nicht überlebt, wäre Israel nicht errettet worden, gäbe es keine Kirche, und die Völkerwelt wäre ohne den biblischen Gott (Eph. 2,12) und der aus seinem Geist kommenden Hoffnung auf Gerechtigkeit und Frieden.

Für Drewermann ist das letztlich ohne Gewicht, denn die Menschheit hätte dann immer noch die bedeutendere ägyptische und all die anderen Religionen. »Wir sind als Christen zu sehr alttestamentlich und zu wenig ägyptisch, um wirklich christlich zu sein.«[113] In dem Reichtum ihrer mythischen Überlieferungen wären immer noch genug Bilder, mit Hilfe derer wir unsere Angst überwinden lernen und zur Hoffnung auf Unsterblichkeit und Auferstehung in uns zurückfinden können. Die besondere Bedeutung, die für Drewermann das angeblich »ewigkeitskundigste« Volk hat, übertrifft fast die Bedeutung der Kirche. »Die Botschaft des Christentums hat dem Glauben der Menschheit an die Unsterblichkeit des Lebens inhaltlich keine neuen Erkenntnisse hinzugefügt; es enthält in den Lehren bezüglich dieser Fragen durchaus nichts, was nicht in den Anschauungen der alten Ägypter Jahrtausende früher bereits vorgebildet gewesen wäre.«[114]

Drewermann setzt ägyptischen Unsterblichkeitsglauben und jüdisch-biblischen Auferstehungsglauben gleich. Nur so kann er der ägyptischen Religion eine zentrale Rolle für die christliche Theologie zumessen. Doch solche Gleichsetzung ist unsinnig.

Die ägyptische Religion ist vor allem ein Totenkult, während sich die biblische Hoffnung auf die Lebenden und ihre Geschichte richtet. »Nicht lobt dich die Unterwelt, der Tod preist dich nicht; die zur Grube hinunterfahren, harren nicht auf deine Treue. Der Lebende, nur der Lebende, der lobt dich, wie ich es heute tue. Der Vater gibt den Söhnen kund von deiner Treue« (Jes. 38,18f.). Die ägyptische Religion war orientiert auf ein biologisch verstandenes Weiterleben der durch den priesterlichen Einbalsamierungsritus für ewig lebendig gemachten Leichen. Für diese Unsterblichen und ihr ewiges Leben war das westliche Nilufer als Nekropolis reserviert und ausgebaut, während die wirklich Lebendigen auf dem Ostufer ihnen gegenüber lebten. So war für die Ägypter der Nil nicht nur ökonomische Lebensader, sondern weit mehr: wer ihn überquerte, betrat das Jenseits. Ägypten war das Land der lebendigen und mumifiziert Unsterblichen zugleich.

Mit solch magisch-rituellem Unsterblichkeitsglauben hat die biblische Hoffnung auf Auferstehung der Toten nichts gemein. Zeitgenossen, die vorwiegend in naturwissenschaftlichen statt in geschichtlichen Kategorien denken, mißverstehen die Aussagen des Glaubensbekenntnisses leicht im biologischen Sinn und lehnen sie deshalb ab. Oder man weicht aus und deutet das Dogma als Chiffre für eine innere, psychologische Wahrheit. Der biblische Glaube an die Auferstehung dagegen hofft auf eine geschichtliche Zukunft. Der Prophet Ezechiel verhieß den nach Babylon deportierten Juden, daß sie aus dem als Grab erlebten Exil steigen würden, um, wieder lebendig gemacht, zu neuem Leben ins Land Israel heimzukehren (Ez. 37,1-14). Im Alten Testament wird das Exil und die schließliche Befreiung und Rückkehr als eine Auferstehung aus den Tiefen des Grabes und des Todes dargestellt. Dem kleinen Israel geschah immer wieder, daß es von den antiken Großmächten in seiner Existenz bedroht wurde. Im 2. Jahrhundert vor unserer Zeitrechnung waren es die Diadochen Alexanders, die Seleukiden unter Antiochus IV., Epiphanes, die die Juden zwingen wollten, sich hellenischen Kulten und Sitten zu unterwerfen und der Thora abzusagen. Beispielsweise sollte der Tempel zu Jerusalem dem Zeus Olympus geweiht werden. Die sich gegen die gewaltsame Hellenisierungspolitik auflehnenden Juden wurden von ihren Unterdrückern verfolgt und bestialisch zu Tode gefoltert.

»Als auch dieser gestorben war, peinigten sie den Vierten ebenso und geißelten ihn. Und als er ans Vollenden kam, sprach er so: das ist vorherbestimmt, wenn wir von Menschenhand sterben, die Verheißungen von Gott zu erwarten, von ihm wieder aufgerichtet zu werden. Für dich aber wird die Auferstehung zum Leben nicht sein.« (2. Buch der Makkabäer 7,13.14)

Der biblische Glaube an die Auferstehung ist Hoffnung auf eine geschichtliche Zeit, wo die um der Gerechtigkeit willen Verfolgten und Gemordeten sichtbar, handgreiflich, geschichtlich-real ins Recht gesetzt werden. Wenn die Kirche sich bekennt zur Auferstehung der Toten und gleichzeitig zu Jesus, der kommen wird, zu richten die Lebenden und die Toten, wird damit ein weltgeschichtliches Ereignis erwartet, wo in menschlicher Mitte das Gottesrecht endgültig aufgerichtet, Gottes Gerechtigkeit irdisch unumstößlich durchgesetzt wird.

Diese Hoffnung ist grundverschieden von der ägyptischen Unsterblichkeitsreligion. Geht es biblisch um ein geschichtliches Ins-Recht-setzen des Lebens der Gestorbenen, so hier um eine biologische Überwindung des Todes. Deshalb ging es für die Ägypter jenseits des Nils in ihren monumentalen Steingräbern im Prinzip ebenso weiter wie diesseits, nur eben ohne zeitliche Begrenzung und ohne die körperlichen Beschwernisse des Diesseits. Nach einer bedrohlichen Überfahrt durch eine von Dämonen bevölkerte Unterwelt lebt der Mumifizierte, sich immer wieder verjüngend, aktiv, produktiv und von den Mühen des Diesseits weitgehend entlastet im Jenseits weiter. Im Osiris-Mythos spricht sich der ägyptische Jenseitsglaube als biologische, körperliche Überwindung des Todes aus. Osiris, von seinem Bruder Set ermordet und zerstückelt, wird von seinen Schwestern Isis und Nephthys wiederbelebt. Sie sammeln die im Niltal verstreuten Leichenteile und setzen den Toten wieder zusammen. Der Wiederbelebte zeugt mit seiner Schwester Isis seinen Sohn Horus. Dieser Mythos ist Königs- und Fruchtbarkeitsmythos zugleich. Osiris steht für den Triumph über den körperlichen Tod und repräsentiert den verstorbenen Pharao als unsterblichen Herrscher über das Jenseits. Horus steht für den Sieg der regenerativen Kraft und wird repräsentiert vom nachfolgenden Throninhaber.[115]

So fußt der ägyptische Jenseitsglaube auf zweierlei. Einmal darauf, daß magische Riten den Menschen des Pharaonenhauses eine unbegrenzte Regenerationskraft sichern und daß diese Kraft göttlich ist, weil sie die absolute Herrschaft über Leben und Tod beinhaltet. Deshalb ist der Osiris-Mythos die Artikulation des vollkommen absolutistischen ägyptischen Staatsgedankens.[116] Von seiner wirklichen, totalen Gewalt zeugen die Pyramiden, ihr steinerner Gigantismus, der zugleich Zeugnis ablegt von den allgemeinen sozialen Bedingungen ihrer Erbauung.

Tempel und Gräber waren im alten Ägypten die einzigen Bauwerke aus Stein, denn Stein stand für Sakralität und Unsterblichkeit. Von da her ist die heute noch so bewunderte Monumentalität der ägyptischen Architektur zu verstehen. Sie gilt aber nicht nur für die bekannten Pyramiden. Auch die sakralen Prozessions-Straßen wurden mit vollkommen kompromißloser Monumentalität durch die Landschaft gezogen.[117]

Diese geschichtlich und politisch grundlegende »versteinerte« Seite der ägyptischen Religion vernachlässigt Drewermann vollständig. Ihm sind nur die überlieferten Texte wichtig. Bei einer Kultur mit einem derartig ausgeprägten architektonischen Ausdruckswillen ist eine solche Trennung aber nicht möglich. Petrifizierung und Mumifizierung müssen entschlüsselt werden als Dokumente eines absoluten Herrschaftswillens über Leben und Natur, und aus dieser Perspektive wäre dann auch der Unsterblichkeitsglauben der religiösen Texte zu lesen. Drewermann hingegen versucht, beides voneinander zu lösen, und unterschiebt den Texten eine eigene, davon unabhängige symbolische oder tiefenpsychologische Bedeutung.

»Selbst in den Augen der alten Ägypter, denen die Unversehrtheit des irdischen Lebens über lange Zeit hin geradewegs als die Bedingung für ein jenseitiges Leben galt, erscheint die leibhaftige Gestalt des Daseins jenseits der Grenze des Todes als eine wesentliche symbolische Chiffre.«[118] Für solche Vergeistigung ihrer Religion hätten sich die alten Ägypter allerdings entrüstet bedankt. Ihnen ging es um alles andere als um eine symbolische Bedeutung ihrer magischen Riten. Sie suchten mit Hilfe der Magie die Sicherung des Weiterlebens am jenseitigen Nilufer. Und Priestern und Pharaonen war natürlich an der absoluten Herrschaft über Ägypten gelegen. Drewermanns Interpretation erhebt sich über solche geschichtlichen Tatsachen. Er ersetzt das reale Ziel der ägyptischen Religion durch eine hineingelesene spirituelle Bedeutung.

Gleichzeitig übernimmt er wesentliche Motive des ägyptischen Denkens für seine eigene Theologie. An vorderster Stelle plädiert er für den Glauben an die Unsterblichkeit der Tiere, um mit einer solchen regulativen Idee eine Ethik zu begründen.[119] Fast alle Tiere, die im antiken Ägypten bekannt waren, hatten eine Beziehung zur Götterwelt, ja repräsentierten Götter und ihre Kräfte. In der Tierwelt trat die Götterwelt den Ägyptern nahe. Nilpferd, Skorpion, Skarabäus, Igel, Pavian und Schlange können die Idee der ewigen Regeneration darstellen; Stiere stehen für Fruchtbarkeit; der Löwe für Herrschaft; Vögel, Paviane, Schakale sind Seelenvögel der jenseitigen Himmelsgegenden. Das liegt am eigenartigen, pantheistischen Naturbegriff der ägyptischen Religion. Natur und Gott sind eigentlich identisch.

»Die Sonne ist ein Gott ... ebenso ist der Nil ein Gott und handelt willentlich, wenn er auf- und abschwillt. Der Ägypter erlebt in der Natur das Göttliche nicht in den unerklärbaren Ausnahmen ... Der Ägypter sieht die Götter nicht jenseits der Natur, sondern in der Natur und daher als Natur. Die Götter sind in gleichem Maße natürlich, d.h. kosmisch, wie die Natur bzw. der Kosmos göttlich ist.«[120]

Daß ihre Unsterblichkeit deshalb ebenso wie die menschliche durch

Mumifizierung magisch inszeniert werden mußte, erscheint konsequent. In Sakkara finden sich ausgedehnte Tiernekropolen mit mumifizierten und in riesigen Sarkophagen begrabene Apis-Stieren. Im Neuen Reich wuchs die Nachfrage nach göttlichem Mittlerwesen, so daß damals heilige Ibisse, Katzen und Krokodile zu Millionen mumifiziert wurden.[121]

Das alles empfiehlt Drewermann zwar nicht der Nachahmung, aber er möchte die angeblich dahinter stehende Idee retten, den Glauben an die Unsterblichkeit der Tiere, »um eine Ethik zu begründen, die auf unsere Mitgeschöpfe die geschuldete Rücksicht nimmt«[122]. Nun mag man eine solche Ethik für erstrebenswert halten – sie ausgerechnet in der ägyptischen Religion semiotisch angelegt zu sehen, ist abstrus. Denn die Ägypter mußten, um die Nachfrage an mumifizierten Tieren zu decken, Tiere züchten und vorzeitig töten, um den »Markt« zu beliefern. Wie soll eine religiöse Praxis, die damals zur rücksichtslosen Tierzüchtung führte, heute kreatürliches Mitgefühl wecken?

Mit seiner Methode der Psychologisierung überspielt Drewermann scheinbar elegant diese Problematik. »Es war so viel Angst im Glauben der Ägypter. Sie klammerten sich wie verzweifelt an diesen irdischen vergänglichen Leib und wollten ihn retten gegen alle Verwesung. Der kleinste Fehler dabei kam ihnen entsetzlich vor in seinen zerstörerischen Konsequenzen. Sie mumifizierten, balsamierten, sie wollten jedes Stück der Erde aufbewahren. Aber die Seele des Menschen hielten sie für einen goldenen Vogel, der die Kräfte besäße, zu den Sternen aufzufliegen... Wir haben die Unsterblichkeit der Seele der Lehre im Christentum förmlich zum Dogma erhoben.«[123]

Drewermann nimmt den magischen Wahn der ägyptischen Religion nicht ernst. Damit löst er sich vom entscheidenden Kern, der Unsterblichkeitsreligion, dessen steinerne Spuren heute auf touristischen Wegen bewundert werden. Ein Geist verfälschender Nostalgie durchzieht Drewermanns Rezeption. Er serviert den antiken Sklavenhalter-Absolutismus als modernen religiösen Pazifismus, dessen Idee die unterschiedslose Heiligkeit alles Lebens sei.

Für ihn ist der Glaube an die Unsterblichkeit der Seele gleichbedeutend mit der Ewigkeitsbedeutung jedes einzelnen Menschen. Dieses gelte aber nicht ausschließlich für den Menschen, sondern für alle Kreatur.

Er geht davon aus, »daß in uns Menschen nur aufscheint, was allenthalben an ›Geist‹ in der Welt objektiv realisiert ist; mit anderen Worten: sind die Menschen unsterblich, warum dann nicht auch die Tiere«[124].

So verliert sich Drewermanns Glaube in spiritueller Vagheit, aus der er dennoch moralische Postulate ableitet. Da hatten es die Ägypter besser. Sie konnten wenigstens noch glauben, woran sie glaubten. Denn sie praktizierten die dazugehörigen magischen Riten. Ohne sie bleibt es bei eigenartig melancholisch und unsicher klingenden, mythischen Behauptungen gegen die menschliche Endlichkeit:

»Unsere Hoffnung in dem schwarzen Meer der Vergänglichkeit besteht in der Erwartung eines ewigen Lebens. Wenn wir aber für immer leben, wird auch diese Erinnerung an fremdes Leid für immer leben, und dieser Schmerz wird von uns unabtrennbar sein. Er wird in seiner dunklen Folie den Hintergrund abgeben für das Bild einer reinen Freude und einer alle Kreaturen einschließenden Harmonie... Was ist das Leben anderes als ein ewiger, gigantischer, nicht endender Austausch, als das Kommen und Gehen von Ebbe und Flut, als ein Aufwirbeln manchmal von schimmerndem Schaum, bestehend aus myriadenfachen kleinen Luftbläschen... Es ist die ewige Wahrheit der alten Ägypter: alles ist nur ein Gleichnis − nichts mehr und nicht weniger; alles ist nur eine Erscheinung im Übergang, eine magische Chiffre der Verwandlung allen Lebens in die Sphäre des Göttlichen. Nichts vergeht wirklich in der Stunde des Todes... Wenn wir sterben, sterben wir nicht wirklich; weil wir leben, werden wir auferstehen... Wer gestorben ist, hat sich zu Gott verwandelt.«[125]

Solche Formulierungen lassen einen anderen Grund in Drewermanns Theologie erkennen. Sie speist sich aus einem tiefen Einsamkeitsgefühl. Dieses nimmt bei ihm geradezu kosmische Dimensionen an. Doch solche Projektionen versperren den Gedanken an eine geschichtliche Überwindung menschlicher Einsamkeit. Statt dessen versucht sich Drewermann an der Aufhebung der geschöpflichen und geschichtlichen Begrenztheit des Menschen. Er hadert mit der menschlichen Endlichkeit. Für ihn ist Gott nicht derjenige, der den Menschen ihr Leben zur sozialen und geschichtlichen Gestaltung in seinen Grenzen geschenkt hat, sondern derjenige, vor dem diese Grenzen nichts und mit dem wir identisch sind. Die traditionelle Lehre der Kirche sah in den Worten der

Schlange: »Ihr werdet sein wie Gott« (1. Mos. 3,5) Verführung und verurteilte den Wunsch, zu sein wie Gott, als Sünde. Gelegentlich ist die Tradition rationaler und humaner als der »fortschrittlich« aufgeputzte Zeitgeist. Das Drewermannsche Programm scheint dafür eine gute Illustration.

Weltseele, Vernunftfeindlichkeit, Antijudaismus. Auf den Spuren C. G. Jungs

Für Drewermanns Auslegung der biblischen Zeugnisse ist die Unterscheidung zweier »vollkommen verschiedener Ebenen der Wirklichkeit« mit zwei einander ausschließenden Wahrheitsbegriffen grundlegend. Er unterscheidet die historische Wahrheit, die »in Raum und Zeit dingfest zu machen«[126] ist, von der legendär oder mythisch erzählten, ewigen, übergeschichtlichen Wahrheit. Jene sei eine rein äußerliche. Diese sei innerlich und biete allein die Möglichkeit, von Gott zu reden.

Doch eine solche grundlegende Unterscheidung macht alle Versuche gegenstandslos, mit denen Drewermann sich vom Vorwurf der Geschichtslosigkeit befreien möchte.[127] Denn die Konstruktion einer allen Menschen eigenen Innerlichkeit, die sich abseits und jenseits von Geschichte gebildet hat, ist der entscheidende, alles bestimmende Angelpunkt seiner Theologie. Für sein Denken ist es konstitutiv, daß die inneren Bilder aus den Tiefen der menschlichen Seele zu Gott führen und nicht pharisäerhafte, heuchlerische, an geschichtlichen Äußerlichkeiten klebende Interpretationen und Auslegungskünste. Es ist eine unzweideutig antijudaistische Polemik, mit der Drewermann in seinem Hauptwerk den Zugang zur tiefenpsychologischen Auslegung der Bibel vorbereitet. Er stellt zwei Weisen des Theologietreibens wie Tod und Leben einander gegenüber. Der »Heuchelei und dem Mummenschanz« der Pharisäer konfrontiert er eine Auslegung der Texte, die ohne geschichtliches und kritisches Vorwissen durch unmittelbare Ergriffenheit mit ihnen gleichzeitig wird. Dabei unterstellt er die Gleichheit pharisäisch-rabbinischer Bibelauslegung mit der modernen historisch-kritischen Lektüre – zwei Weisen der Schriftauslegung, die keinerlei Verwandtschaft haben, ja geradezu konträr sind.[128] Der Pharisäer ist für Drewermann die große Antigestalt, weil er »in theologischer Verkleidung Verrat« an den Zeugnissen übe. Die entscheidende Weichenstellung in Drewermanns Einführung in seine Theologie hat das Profil traditioneller theologischer Judenfeindschaft.[129]

Wo das Judentum schon im Prolog so vorurteilsbeladen abqualifiziert und theologisch ausgeschlossen wird, steht nicht zu erwarten, daß es im Drama selbst überhaupt noch eine positive Rolle spielen kann. Da ist denn auch der wegen seines Antisemitismus und seiner Nazifreundlichkeit umstrittene Freud-Schüler C.G. Jung der geistige Hauptdarsteller.

C.G. Jungs Psychologie ist für Drewermann der Generalschlüssel zum Verständnis der biblischen Texte. Der Schüler Sigmund Freuds hat seine Theorie des kollektiven Unbewußten bewußt als Fortführung und Gegensatz zu Freuds psychoanalytischer Theorie verstanden. Nach Jung ist für seinen Lehrer das Unbewußte nur oberflächlicher, persönlicher und zumeist sexueller Natur. In den tieferen Schichten der Seele lagern aber Inhalte und Verhaltensweisen, Bilder und Symbole, die bei allen Menschen dieselben und deshalb allgemeiner, überpersönlicher und religiöser Natur seien. So findet sich nach C.G. Jung in allen Religionen ein tiefer Schatz an ewigen Bildern, der das Wesen der Seele darstellt. Die überlieferten Mythen der Völker als seelischen Ausdruck der Menschheit zu deuten, hatte vor ihm noch niemand unternommen. Die Aufgabe der Psychologie sieht er darin, jene in der unbewußten Tiefe einer jeden individuellen Seele ruhenden Urbilder, die Archetypen, bewußt zu machen.

»Alle mythisierten Naturvorgänge wie Sommer und Winter, Mondwechsel, Regenzeiten usw., sind nichts weniger als Allegorien eben dieser objektiven Erfahrungen als vielmehr symbolische Ausdrücke für das innere und unbekannte Drama der Seele, welches auf dem Wege der Projektion, d.h. gespiegelt in den Naturereignissen dem menschlichen Bewußtsein faßbar wird. Die Projektion ist dermaßen gründlich, daß es einiger Jahrtausende Kultur bedurfte, um sie auch nur einigermaßen vom äußeren Objekt abzutrennen ... und wer heute noch oder wieder an Astrologie glaubt, der verfällt ... der alten superstitiösen Annahme von Gestirnseinflüssen ...«[130]

Hier wird im Namen einer ungenannten »psychologischen Vernunft« und mit dem Messer der »Projektion« gewaltsam seziert, was für das wirkliche Verständnis von Mythen untrennbar zusammengehört. Diese Betrachtungsweise trennt die mythischen Erzählungen von ihrer konkreten Geschichte und funktionalisiert sie für die seelischen Bedürfnisse von Menschen des 20. Jahrhunderts. So zubereitet stehen sie nicht mehr für wirklich Geschehenes – in den Abgründen der kollektiven Seele erscheinen sie vielmehr als »ewiger« Teil eines jeden individuellen Lebens. Diese Sichtweise Jungs liegt eine ungeheure und absurde Verkehrung zugrunde. Ihr zufolge ist nicht das individuelle Einzelleben Teil der für den Einzelnen unübersehbaren Menschheitsgeschichte, sondern die Menschheit wird zur auslotbaren seelischen Tiefe eines jeden individuellen Lebens. Die menschliche Begrenztheit wird verwandelt in das Mysterium innerlich zugänglicher Unendlichkeit. Was dem Menschen aufgrund seiner Endlichkeit unzugänglich ist, steht nun spiritualisiert, zugänglich und handhabbar vor ihm. Die Seele, zum kollektiven Tiefen-Monstrum transformiert, wird emsig ans Tageslicht gezerrt und versteinert zum delphischen Tempel der Traumdeuter und Religionspsychologen. Denn jedes individuelle Leben erscheint hier in der Form eines riesigen Seelencontainers, aus dem bei richtiger Traumdeutung – natürlich nur eines Jungschülers – jede geschichtliche Wahrheit hervorgezaubert werden kann.

Dichter und Priester verehren dieses Mysterium: »Wir tragen die frühen Völker in unserer Seele, und wenn die späte Ratio sich lockert, im Traum und Rausch, steigen sie empor mit ihren Riten, ihrer prälogischen Geistesart, und vergeben eine Stunde der mystischen Partizipation.«[131]

Was der Jungianische Poet Gottfried Benn als die vulkanartige Gegenwart alles Vergangenen im Rausch feiert, ist für den Seelsorger Drewermann, der ebenfalls alles Geschichtliche beiseite schiebt, therapeutisch stets unmittelbar zugänglich: »In der Tiefe fällt die Entfernung vom Brunnen dahin – ursprünglich gelangt man an jeder Stelle der Wüste zum Wasser.«[132]

»Wenn es stimmt, daß im Menschen zeitlose Bilder eines Weges zur psychischen Ganzheit angelegt sind, in denen der Mensch sich selber träumt und sich in den Erfahrungen anderer wiedererkennt, und wenn es ferner zutrifft, daß diese Bildersprache des Heils jederzeit und gänzlich unabhängig von Bedingungen einer bestimmten Gesellschaft oder

Kultur verstanden werden kann und latent als ein inneres Gesetz in der Seele jedes Menschen gegenwärtig ist, dann kann es für keine Art von Gesellschaft etwas Wichtigeres und Entscheidenderes geben, als daß jeder Einzelne jenseits der Angst und unverwirrt vom Getöse der Menge diese Stimmen der eigenen Seele vernimmt und ihr so gehorsam wie möglich Folge leistet.«[133]

Wenn aber jedes Individuum die Menschheit in sich trägt, so ist deren Rettung nur denkbar durch fünf Milliarden Einzeltherapien, die allesamt schürfen bis in die zur individuellen Tiefenseele verwandelte »graue Vorzeit des Neolitikums«[134].

Für Jung und Drewermann besteht das Hauptproblem des neuzeitlichen Menschen darin, den verschütteten unmittelbaren Zugang zu den eigenen abgründigen Tiefen wieder freizuschaufeln. Im Wege steht ihnen dabei die durch Protestantismus und Aufklärung im christlichen Abendland zur Herrschaft gekommene Vernunft. Sie hat die Rolle des Sündenbocks in der tiefenpsychologisch interpretierten Geschichte der Entfremdung des Menschen von sich selbst.

C.G. Jung malt ein Bild von der Geschichte der Menschheit, in der die Reformation geradezu als Sündenfall erscheint. Seitdem geht es ständig abwärts in unserer Kultur. »Der Intellekt hat, in luziferischer Überhebung, sich des Sitzes, auf dem der Geist einst thronte, bemächtigt . . . Der Bildersturm der Reformation hat aber wortwörtlich eine Bresche in den Schutzwall der heiligen Bilder geschlagen, und seitdem bröckelt eines nach dem anderen ab, denn sie kollidieren mit der erwachenden Vernunft.« Die religiösen Bilder, Riten und Zeremonien sind Ausdruck des kollektiven Unbewußten, nach Jung des Geistes. Sie haben heilende Kraft, schützen aber auch magisch vor den unbändigen Kräften aus der Tiefe. Vor dem reformatorischen Sündenfall lebte der Mensch in »paradiesischer« Unmittelbarkeit zu seiner geheimnisvoll heilsamen und bedrohlichen Tiefe. Jung denkt dabei an die von den Mysterien geprägte Antike und die vom Dogma geprägte Zeit der christlichen Kirchen. Im Ritual wie im Credo sei das kollektive Unbewußte »fast restlos aufgefangen« gewesen. Erst der Protestantismus produzierte die Entfremdung des Menschen von seiner eigenen religiösen Tiefe.

Eine von so oberflächlicher Vernunftfeindschaft geprägte Kulturkritik mündet zwangsläufig in reaktionäres Fahrwasser ein: »Dem antiken

Menschen erscheint die Anima als Göttin oder als Hexe; der mittelalterliche Mensch dagegen hat die Göttin durch die Himmelskönigin und durch die Mutter Kirche ersetzt. Die entsymbolisierte Welt des Protestanten hat zunächst eine ungesunde Mentalität hervorgebracht und sodann eine Verschärfung des moralischen Konflikts, der logischerweise zu Nietzsches »Jenseits von Gut und Böse« führt. In den zivilisierten Zentren äußert sich dieser Zustand in der zunehmenden Unsicherheit der Ehe.«[135]

Drewermann hat die geschichtslose und vernunftfeindliche Psycho-Konstruktion C.G. Jungs im Grundsatz übernommen. Seine genauere Kenntnis der Bibel führt dazu, daß das Judentum, genauer das Israel des Alten Testamentes, eine besondere Rolle zwischen Mythos und Vernunft spielt. Nach Drewermann markiert der »Monotheismus der israelitischen Religion die absolute Kulturschwelle«[136]. Die jüdische »Vorstellung von der einen und absoluten Person Gottes« sei notwendig zur Herausbildung des individuellen Bewußtseins, »um die Einheit und Absolutheit auch der menschlichen Person auszudrücken«. Ungeachtet dieser geschichtlichen Errungenschaft wird aber dem jüdisch-alttestamentlichen Denken angelastet, es sei von Mythenfeindlichkeit, Arroganz und kriegerischer Aggressivität geprägt. Für das Judentum sei die Idee, ein auserwähltes Volk zu sein, »unendlich viel wichtiger, als die Frage nach der individuellen Einstellung«[137]. Außerdem sei es »Tatsache, daß überall im Alten Testament das Menschenleben wenig wert ist und daß die Besten unter den Gläubigen hier keine Skrupel hatten, Blut zu vergießen. Immer wieder ist im Alten Testament die Rede von Krieg und Mord.« Im übrigen werde gegen die Opferung von Neugeborenen im Alten Testament nachdrücklicher protestiert als gegen den heiligen Krieg.[138]

Für Drewermann hat das Christentum mit dem »jüdischen Volksdenken« gebrochen und die gewaltsame Zerstörung der heidnischen Mythologien nicht fortgeführt. Die Kirche vollbrachte eine entscheidende Kulturleistung für die Menschheit. Sie führte das Erbe des Judentums, das individuelle Bewußtsein von Gott, und das Erbe des Heidentums, z.B. die Mythen von Dreifaltigkeit, Jungfrau und Gottessohn, in einer Synthese zusammen. So steht bei ihm die katholische Kirche im Schnittpunkt der kulturellen Menschheitsgeschichte als Erbin und Enterberin aller Völker; sie tut die Guten ins Töpfchen und die Schlechten ins Kröpfchen. Allzu radikal fällt also Drewermanns Kritik am geschichtlichen Weg der Kirche von vornherein nicht aus. Denn nicht die jahrhundertealte Judenfeindschaft der Kirche, die den modernen Antisemitismus vorbereitete, der schließlich nach Auschwitz führte, hält er für die »größte Bedrohung für die Fortexistenz der Menschheit«, übrigens auch »nicht die Atombombe, sondern das Aufkommen einer modernen Religionskriegsmentalität zwischen Ost und West und der Rückfall in ein Denken der Intoleranz«.[139] Dieses Denken sieht Drewermann in der Bibel der Synagoge, im Alten Testament, ideologisch vorgezeichnet.

Solche Sicht vom Menschen und seiner Geschichte fällt zunächst durch ihren ausgeprägten Antijudaismus auf. Einige Drewermannsche Auslassungen über das Alte Testament sind theologisch haltlos und von unverzeihlicher Verantwortungslosigkeit. Die gesamte Bibel kennt nicht das Wort »Heiliger Krieg«. Es ist eine Erfindung der katholischen Kirche und kam zu Beginn der Kreuzzüge in Gebrauch. Die Kriege des kleinen Volkes Israel – aus ägyptischer Tyrannei entlaufene Sklaven – sind die Überlebenskämpfe von zunächst machtlosen Flüchtlingen und Asylsuchenden. Pazifismus wäre kollektiver Selbstmord gewesen. Es ging um nichts als die nackte Selbstbehauptung gegenüber Mächtigeren, wie die Überlieferung von David und Goliath anschaulich zeigt. Auch heute sind manche Völker, etwa die Kurden, vom Untergang bedroht, weil ihnen der Schutz in einem eigenen Staat fehlt. Den Juden ging es bekanntlich so bis ins 20. Jahrhundert.

Für den christlichen Glauben bedeutsam ist die Selbsterhaltung des Volkes Israel deshalb, weil es eine unvergleichliche Sozialgesetzgebung geschaffen hat, in deren Mitte (3. Mos. 19) das Gebot der Nächsten-, Feindes- und Fremdenliebe steht. Wie sehr es im Alten Testament um soziale Gerechtigkeit geht, zeigen die häufig wiederholten Hinweise auf die Witwen und Waisen und auf die Zeit der Unterdrückung als Sklaven in Ägypten. So wie dort soll es in Israel nicht zugehen. In Gottes »heiligem Volk« (2. Mos. 19,6) »ströme wie Wasser das Recht, und die Gerechtigkeit wie ein unversieglicher Bach« (Am. 5,24). Die Thora ersetzt als erstes Gesetz der Menschheitsgeschichte das Vergeltungsprinzip der Stärkeren durch eine auf soziale Gerechtigkeit dringende Wiedergutmachung unter weitgehender Absehung von der Todesstrafe.[140] Israel ist biblisch das Volk, das durch die Weisung vom Sinai auf den Plan der Geschichte gerufen wurde, um eine alternative gesellschaftliche Sozialgestalt beispielhaft vor allen Völkern zu verwirklichen. Das meint die biblische Rede von der »Erwählung« Israels. Mit völkischem Denken hat das nichts zu tun. »Erwählung« reflektiert lediglich den Sachverhalt, daß zur geschichtlichen Verwirklichung von sozialer Gerechtigkeit geschichtlich wirkende Gebilde notwendig sind und daß »einer« den ersten Schritt tun muß. Die theologische Rede von der Erwählung Israels beschreibt das ohne die Überhöhung von Menschen als reines Handeln Gottes.

Antijudaistisch ist auch Drewermanns Sicht von der Kirche als der großen Erbin und Enterberin des jüdischen Volkes. Nach neutestamentlichem Zeugnis bleibt Israel eindeutig Gottes erwähltes Volk. Mit der Kirche Jesu Christi wird der Bund der Erwählung Israels erweitert und erneuert, aber nicht ersetzt. Die Rede vom Ersatz Israels oder von der Enterbung des Gottesvolkes hat in der Vergangenheit antijüdische Gefühle und Gesinnung provoziert und wird es auch heute wieder tun. Das leichtfertige Gerede vom veräußerlichten Pharisäismus nimmt nicht die Erkenntnisse des jüdisch-christlichen Dialogs wahr, daß nämlich Jesus mit seiner Lehre von der Auferweckung der Toten und der Betonung des Gebotes der Nächstenliebe ein pharisäisch lehrender Rabbiner war. Nach Erkenntnis vieler Theologen gehörte er sogar einer Richtung an, die das alttestamentliche Gesetz besonders strikt auslegte. Mit jener Redeweise wird ein unsinniger Gegensatz aufgerissen zwischen Jesus und seinem Judesein. Weil »pharisäisch« im negativen Sinne auch heute noch als Charakter der jüdischen Religion gilt, wird damit gleichzeitig das Judentum ganz allgemein als religiös minderwertig abgestempelt.

Der Antijudaismus Drewermanns beschränkt sich aber nicht auf seine biblische Theologie, er speist sich ebenso aus der Weltsicht, die er von C.G. Jung übernommen hat. Dieser hatte sich 1934 von der »jüdischen Psychologie« Freuds ausdrücklich losgesagt. Jungs Antisemitismus und sein zeitweise inniges Verhältnis zum Nationalsozialismus ist heute unbestritten. Entscheidend ist, ob es sich um eine persönliche Marotte handelte, oder ob diese Haltung in seinem Denken, in seiner Weltsicht begründet lag. Der Streitpunkt zwischen Freud und Jung war die Bedeutung der Sexualität. Freud warnte seinen Schüler, die Sexualtheorie aufzugeben, sie sei ein »unerschütterliches Bollwerk gegen die schwarze Schlammflut des Okkultismus«.[141] Er wehrte sich gegen die Erweiterung der Libido ins Religiöse und Mythische zur Weltseele von kosmischem Umfang. Er wollte nicht wie Jung, der von der Identität des Seelenlebens mit Gott ausging und den Menschen als ein Teil des überpersönlichen, unendlichen »Seelenpleromas«, der ozeanischen Fülle der kollektiven Seeleninhalte sah, einen Ersatz für Religion, sondern die Sublimierung des religiösen Bedürfnisses in Kultur. Aus der Sicht Freuds überhöhte und sakralisierte Jung zufällige Bewußtseinsinhalte zu weltumfassenden Größen, was zwangsläufig in einer mythischen Weltsicht endete. Geographische Konflikte und geschichtliche Konfrontationen werden vor diesem Hintergrund zu Abbildern mythischer und ewiger Dramen aus dem spekulativen Archetypenbauch des kosmischen Unbewußten. So erging sich Jung jahrelang in der Bewunderung des deutschen »Siegfried« Adolf Hitler und kommentierte die Zeit nach 1933 als Kampf zwischen »Wotan« und »Jahwe«.

Für Drewermann hat die Herausbildung des individuellen Bewußtseins, des Monotheismus, eine so zentrale Bedeutung, daß für ihn die Geschichte nicht wie bei Jung zum Tummelplatz der Archetypen werden kann. Insofern scheint sein tiefenpsychologisches Konzept gegen die mythologische Aufladung des Politischen resistent. Bei Drewermann ist die Geschichte so ins Individuelle zurückgenommen, daß sie insgesamt «unter dem alternativischen Vorzeichen der Angst oder des Glaubens» steht. Der »Grundkonflikt aller menschlichen Geschichte« liegt allein darin, daß die Milliarden von menschlichen Monaden die einsame Entscheidung treffen zwischen der Angst, die sie im ozeanischen Meer alles Kollektiven unfrei taumeln läßt, und dem Glauben an den absoluten Wert des Einzelnen. Der Glaube bewirkt innere Angstfreiheit und Harmonie, er verwandelt die krankhafte Gegensätzlichkeit zur Umwelt in ein ruhiges Fließgleichgewicht. Dieser Prozeß der Selbstfindung ist nach Drewermann »das geheime Thema so gut wie aller archetypischen Erzählungen«[142].

Die Eigenbedeutung geschichtlicher Größen wie Volk, Gesellschaft, Kirche hat in diesem Konzept keinen Platz. Sie haben entweder nur therapeutische Funktion, wie die Kirche, oder sie werden mit negativen

Vorzeichen versehen, wie Volk und Gesellschaft. Die »theologische Wertschätzung des Einzelnen« steht bei Drewermann isoliert in der Mitte seines Denken.

Zwei Gefahren bedrohen diese Position. Die Isolierung des Individuellen vom kollektiven Unbewußten durch ein vereinseitigtes Bewußtsein – nach Drewermann vorfindlich in der »Kirchen-, Riten- und Dogmenfeindlichkeit des Protestantismus« und in der aufklärerischen Verstandeskritik am Religiösen überhaupt.[143] Auch hier scheint der Antijudaismus auf, denn er sieht den protestantischen Irrweg in einer Linie mit der »Seelenlosigkeit und Naturfremdheit des jüdisch-christlichen Menschenbildes«[144], das seiner Meinung nach für die Zerstörung der Umwelt verantwortlich zu machen ist.

Auf der anderen Seite droht der Untergang des Individuellen im Kollektiven, für das der Einzelne keinen Wert besitzt. Darin liegt für Drewermann sowohl eine tiefen- als auch massenpsychologische Wahrheit. »Die Absolutsetzung der Gesellschaft vor dem Einzelnen« zeige sich in Sozialismus und Nationalsozialismus. Politische Unterschiede wie der Gegensatz der unbestreitbar humanen Gesellschaftsidee in der Arbeiterbewegung spielen für solche antigesellschaftliche Perspektive keine Rolle. Theologisch führt diese Sicht zur Formulierung einer unbiblischen Alternative: »So gilt ein für allemal, daß man zwischen Religion und Politik, zwischen der Erlösung des Menschen und der Veränderung der Welt wird wählen müssen.«[145] Das war aber schon immer das »dogmatische« Programm einer entschieden staatstragenden Kirchenobrigkeit. Haben wir es also bei Drewermann mit einem *staatstragenden Ketzer* zu tun?

Die aus der Kulturkritik C.G. Jungs übernommene Vernunftfeindlichkeit und Verurteilung des Protestantismus spielt in Drewermanns Position eine tragende Rolle. Aus demselben Motiv speist sich auch seine pauschalierende Ablehnung von kirchlichen Lehrsätzen, Dogmen. Doch ist die Behauptung, der Protestantismus sei dogmen- bzw. kirchenfeindlich, schlicht falsch. Die Lehre vom »Priestertum aller Gläubigen« ist reformatorisch und aus einer vernünftigen Kritik an katholischen Dogmen entstanden. Den Reformatoren lag im Prinzip an einem vernünftigen Mitdenken aller Gläubigen, auch in dogmatischen Fragen. Gefragt war allerdings in besonderem Maße das bewußte Mitdenken.

Keiner ernstzunehmenden katholischen auch keiner reformatorischen Dogmatik läßt sich die Behauptung entnehmen, daß Dogmen seelische Tatsachen widerspiegeln oder gar kirchenfernen, mythologischen Ursprungs seien. Die von Drewermann vorgetragene Kritik an den kirchlichen Dogmen läuft darauf hinaus, in ihnen »die Scheinsicherheit einer unfehlbar sich gebenden göttlichen Auskunftei«[146] zu sehen. Diese Sicht ist nur die Kehrseite ihrer tiefenpsychologischen Ableitung bei Jung. Dogmen werden bei ihm nicht nur dem kollektiven Unbewußten zugeschlagen, sondern auch der entfremdenden und machtbesessenen Vernunft. Aber beide führen sie ausschließlich auf psychologische Funktionen zurück und nehmen sie nicht ernst als mit den Mitteln der Vernunft ausgebildete Lehren oder Darstellungen von Glaubensinhalten.

Der kirchliche Machtmißbrauch mit Dogmen ist unbestreitbar, er tangiert aber nicht das Wesen und die Notwendigkeit einer auf dem Wege der – allerdings glaubenden – Vernunft vorzutragenden kirchlichen Lehre bzw. Dogmatik. Die These, daß die Inhalte der Dogmen eigentlich seelischen Ursprungs seien, als Archetypen »Organe der prärationalen Psyche«[147], ist im wesentlichen eine Erfindung des 20. Jahrhunderts, eben die von C.G. Jung. Vorläufer ist allenfalls die Gefühlsreligion der Romantik. Insgesamt speist sich dieses Denken aus einer Kulturkritik, die die Vernunft für die Herrschaft des mechanistischen und technokratischen Denkens verantwortlich macht und dabei alle vernünftige Denkanstrengung herabwürdigt.

Solcherart konservativ-romantische Kirchen- und Kulturkritik macht *die Vernunft*, biblisch eine Gabe Gottes, menschlich eine integrale Bewußtseinsfähigkeit, für die Unzulänglichkeiten der Gesellschaft verantwortlich, statt die sozialen Formen des gesellschaftlichen Miteinanders und die Strukturen der Herrschaft zu untersuchen. Damit wird jene menschliche Kraft zum Sündenbock abgestempelt, die sicher nicht ohne innere Ambivalenzen ist, ohne die aber weder eine kritische Kraft des Glaubens noch gesellschaftliche Demokratie überhaupt denkbar wären.

So liegt der Verdacht sehr nahe, daß Drewermanns Eindreschen auf die protestantische Verstandeseinseitigkeit nur den Rückzug auf eine sich selbst genügsame Gefühlsreligion vorbereiten soll. Scheinbar steht dagegen Drewermanns Kritik an verschiedenen politischen Vorgängen und Zuständen. Doch bei genauem Hinsehen zeigt sich stets ein Pferdefuß. Er geißelt politische Verhältnisse stets nur deshalb, weil sie den Rückzug des einzelnen auf sich selbst verhindern und die Beschaulichkeit, die tiefe, mythische, letztlich idyllische Bilderwelt stören.

Drewermann versucht diese Kritik mit dem Hinweis auf eine mythische Geschichte zu entkräften, die viel älter sei als die geschichtlich überlieferte. »Da gibt es aus 150 Millionen Jahren Säugetierevolution in der Tat eine Psychologie, die weit älter ist als alles, was jemals Geschichte heißen wird; und man wird Jung überhaupt nur verstehen können, wenn man seine Archetypenlehre nicht länger als Metaphysik der Seele liest, sondern in ihr den Niederschlag der Stammesgeschichte der Menschheit erblickt. Flüchtet man damit aus der Geschichte? Im Gegenteil. Man begreift zuallererst eine Vielzahl der großen Themen und Tragödien in der Geschichte... Und vor allem: Man wird skeptischer gegenüber der Verklärung des Historischen. Erst wenn man zum Beispiel sieht, was den ägyptischen Pharao mit dem römischem Kaiser und dem römischem Papst verbindet, versteht man die Verführbarkeit, die in der Gestalt eines Pontifex maximus liegt – und überwindet sie.«[148]

Dieser Einwand geht deshalb völlig daneben, weil die Stammesgeschichte der Menschheit psychologisch ein ebenso großes Feld für geschichtsferne Spekulationen ist wie eine Metaphysik der Seele. Solche Betrachtungsweise lädt lediglich dazu ein, nach übergeschichtlichen Abhängigkeiten zu suchen, nicht aber dazu, geschichtliche Entwicklungen differenziert zu betrachten. Der Blick und die Neugierde für das geschichtlich Besondere geht im Sog archetypischer Allgegenwart verloren. Aber auch die Erkenntnis der Bedeutung von Herrschaftssymbolen befreit nicht automatisch von ihrer Faszination. Dem widerspricht die Geschichte des bewußten Machtmißbrauches im christlichen Abendland. Die römische Kirche hat die eigene Verbindung zum antiken Rom immer wieder betont und damit psychologische Verführung und Verführbarkeit eingesetzt oder bewußt in Kauf genommen. Aus der Erkenntnis resultiert noch kein bestimmtes geschichtliches Wollen. Eine andere Moral, der Wille zu verantwortlicher Veränderung hat seinen Grund nicht in psychologischen Erkenntnissen.

Drewermanns häufiger Hinweis, »daß es Armut, Ausbeutung, Unfreiheit, Terror und Gewalt selbst dann noch und erst recht dann geben kann, wenn man scheinbar alles geschafft hat, was es sozial zu erreichen gibt«[149], ist zu allgemein, um direkt falsch zu sein. Jedoch unterschlägt er, *was* sozial verbessert und neu gestaltet werden kann, auch von psychisch unvollkommenen Menschen. Die Wahrnehmung geschichtlicher und sozialer Verantwortung ist – Gott sei Dank – nicht gebunden an eine erfolgreiche Psychotherapie.

»Du sollst Dir kein Bildnis machen!« Warum Eugen Drewermanns Theologie heidnisch ist

Eine ausschließlich psychologische Deutung der Bilderwelt der Mythen führt nicht nur theologisch in die Irre, sie ist auch in sich völlig unzureichend.

Körper, Geschichte und Gesellschaft spielen in Drewermanns Theologie keine bestimmende Rolle. Schon Ernst Bloch bemerkte, der Hunger sei der »psychoanalytisch überall ausgelassene« Trieb.[150] Mehr als die Freudsche oder Jungsche Libido sei er letzte Instanz. Er dringt direkt auf körperliche, geschichtliche Selbsterhaltung und hat in dieser Konkretheit eine innere Nähe zur sozialen Gerechtigkeitsforderung. Für Drewermann dagegen ist zentral, daß nur die Bilder der inneren, seelischen Welt von Gott und menschlicher Selbstfindung sprechen, und das ist für ihn etwas ganz anderes als der Ruf nach sozialer Gerechtigkeit.

Die Bibel jedoch lebt aus dem Hunger nach Gerechtigkeit. *Der Hunger nach seelischer Selbstfindung* wäre auch für unser Empfinden eine sprachliche Dissonanz. Damit wird deutlich, daß die psychologische Bibeldeutung nicht in die Erfahrung von Not hinabreicht, von der die biblischen Texte zeugen. Denn im Alten Testament geht es immer wieder um schieres Überleben des kleinen Volkes Israel in einer kriegerischen Völkerwelt. Das Neue Testament handelt zentral vom Martyrium der Jesus-Gemeinden. Das Streben nach Selbsterhaltung ist auch seelisch etwas ganz anderes als die Sehnsucht nach Selbstfindung. Unter sozialem Druck können soziale Hoffnungen entstehen oder sich bewähren. Jene Sehnsucht aber droht sich stets in ungeschichtlicher Ich-Bezogenheit zu verfangen.

Spätestens an diesem Punkt taucht die Vermutung auf, daß Drewermanns Theologie ein Gedankenkonstrukt ist, das auf die Bedürfnisse eines materiell satten, aber seelisch vereinsamten Mittelschichtpublikums zugeschnitten ist.

Auch die Mythen der Völker können durchaus anders als mit C.G. Jung ausgelegt werden. Der französische Kulturanthropologe René Girard vertritt in seinem Buch »Das Heilige und die Gewalt« die Auffassung, daß das mythische Denken »im wesentlichen nicht Wunsch, sondern Schrecken – der Schrecken der absoluten Gewalt«[151] sei. Die in fast allen mythischen Gründunglegenden anzutreffenden Spuren von Gewalt führt er auf eine verdrängte soziologische Realität zurück, nämlich das Menschenopfer, den Sündenbock, worauf sich totale Herrschaft und soziale Stabilität der antiken Gesellschaften gründeten. Der Ursprungsmythos verschleiere als Gründungsakt der kulturellen Ordnung einen Gründungslynchmord, der im Mythos zur Quelle allen Wohlergehens und der Fruchtbarkeit verklärt wird. Demzufolge liegt vielen Mythen nicht ein seelischer Wunsch, sondern ein politischer Zweck zugrunde, die Legitimation von Herrschaft und Gewalt. Vor diesem Hintergrund würde auf die biblische Abrahamsgeschichte von der Nicht-Opferung Isaaks ein ganz anderes Licht als üblich fallen. Nicht um den autoritätshörigen Abraham handelt es sich, sondern in ihm, dem Erzvater Israels, um das Ende der Menschenopferpraxis in Gottes Volk. Solche Interpretationen, die den geschichtlichen oder soziopolitischen Hintergrund von Mythen im Blick haben, klammert Drewermann völlig aus.

Andererseits führen die Unzulänglichkeiten der tiefenpsychologischen Mythendeutung zwangsläufig dazu, daß ihre Anhänger selber in die Ungeschichtlichkeit des mythischen Denkens verfallen. Geschichtlich Verschiedenes wird nicht mehr als Verschiedenes erkannt, wie im Sog wird alles auf eine Sehnsucht, eine Angst oder eine Idee zurückgeführt.

In seiner Auslegung des Gleichnisses von der selbstwachsenden Saat vernachlässigt Drewermann den historischen Zusammenhang.[152] Der Text muß hier augenfällig im Kontext der politischen Endzeiterwartung der jüdischen Befreiungsbewegungen (Apokalyptik) interpretiert werden. Jesus redet davon, daß der Zeitpunkt nicht zu bestimmen ist, an dem das Reich Gottes kommt, daß sein Kommen aber gewiß ist, wie das Aufsprießen der Saat.

»Und er sprach: Mit dem Reiche Gottes ist es so, wie wenn ein Mensch den Samen in die Erde wirft und schläft und aufsteht Nacht und Tag, und der Same sproßt und wird groß, er weiß selbst nicht wie. Von selbst bringt die Erde Frucht, zuerst den Halm, dann die Ähre, dann den vollen Weizen in der Ähre. Wenn aber die Frucht es zuläßt, legt er alsbald die Sichel an; denn die Ernte ist da.« (Mark. 4,26-29)

Drewermann ignoriert, daß es hier um die geschichtliche Erwartung von Gottes politischem Befreiungshandeln geht. Er erfindet statt dessen den »Typus des Wachstumsgleichnisses« mit »seiner wohltuenden psychologischen Wahrheit« und konstruiert »eine ganze Welt«, die zwischen Jesus und den anderen Propheten seiner jüdischen Umwelt liege. Diesen sei es um eine politische Messias-Erwartung und um »politische Macht« gegangen, Jesus aber spreche »von dem langsamen Wachstum Gottes in unserem Dasein«. Er distanziere sich vom »Krampf der Machbarkeit«.

Drewermann vergleicht dieses Konstrukt mit der Einsicht des chinesischen Weisen Laotse: »Durch das Nicht-Machen ist alles gemacht... Wenn ihr in euren Handlungen dieses Leben nachahmt und in euren Schriften diesem Sinn folgt, so seid ihr ja schon am Ziel. Was braucht ihr da noch krampfhaft Liebe und Pflicht predigen.« Drewermann resümiert: »Besser läßt sich die Wahrheit der selbstwachsenden Saat des Gotteswortes nicht ausdrücken.«

Wie verfehlt eine solche Auslegung ist, wird deutlich, wenn wir nach dem Sinn der Worte Laotses im Bedeutungssystem der chinesischen Kultur fragen. Liebe und Pflicht beziehen sich in der traditionellen konfuzianischen Ethik auf die strikte Durchführung des Ahnenkultes, welche das Wohl der Familie und die Harmonie der Gesellschaft sichern wollte. Verantwortlich für den Vollzug der magischen Praktiken war im kleinen Rahmen der Familie der älteste Sohn, im Rahmen der Welt der Kaiser. Laotses Lehre vom Nichttun hat die Weltregierung des chinesischen Kaisers im Auge. Ihm geht es um die alleinige Konzentration des Kaisers als Angelpunkt der Welt (Sohn des Himmels), auf die ihm allein anvertraute und zustehende Durchführung der Riten in der Mitte der Welt, im Kaiserpalast: »Ohne das Tor zu verlassen, kannst du das Erdreich erfassen; ohne durchs Fenster zu spähen, den Weg des Himmels sehen.«[153] Laotses Weisheit ist in ihrem Sinn nur verständlich innerhalb des magischen Totalitarismus der chinesischen Ahnenideologie, der es im Blick auf den Kaiser um die politische Beherrschung der Welt geht. Diese sei nur durch strikte Durchführung der rituellen Vorschriften im Kaiserpalast zu sichern und nicht, indem sich der Kaiser noch allerlei anderen politischen Geschäften außerhalb des Kaiserpalastes zuwendet.

Das Beispiel macht deutlich, daß Drewermann nicht nur die biblische Botschaft auf psychologische Vorgänge einengt, sondern auch die Traditionen anderer Kulturen in äußerst fragwürdiger Weise von ihrer gesellschaftlichen Umwelt isoliert. Die verschiedenen Kulturen werden nicht wirklich verglichen, sondern lediglich als banales Material für die immergleichen Drewermannschen Psycho-Destillate ausgebeutet.

Der Begriff des Archetypus schützt Drewermann vor der Erkenntnis, daß er methodisch nur um sich selbst kreist. Das deshalb, weil die Bilder der Seele, die in den Träumen aufsteigen, biologischen Ursprung haben sollen und nicht kulturellen.[154] Mit dieser Behauptung, die sich auf die zweifelhafte Autorität C.G. Jungs stützt, wird eine Textauslegung gerechtfertigt, die großzügig auf geschichtliche und soziale Zusammenhänge als äußerlich und unwesentlich verzichten kann. So wird es möglich, in die Texte aller Kulturen stets dieselben Sehnsüchte und Bilder hineinzulesen. Der therapeutischen Selbstfindung über den Tiefen des Unbewußten entspricht die literarische Selbstauslegung mit Hilfe aller, auch der entlegendsten kulturellen Überlieferungen: das einsam vagabundierende Ich schaut überall in seinen eigenen Spiegel.

Die theologische Hochschätzung des Traumes bezieht Drewermann auch von E.A. Poe: »In ihren Visionen dämmergrau werden ihnen Ausblicke in die Ewigkeit, und erwachend erkennen sie, bebend vor Entzücken, daß sie in die Außenränder des großen Geheimnisses eingedrungen waren. So lernen sie ... von der Weisheit, die aus dem Guten stammt« und »jenem bloßen Hirnwissen« gegenübersteht, »das von Übel ist«.

Was der amerikanische Dichter in poetischer Verzückung beschreibt, treibt den deutschen Theologen zu religiöser Entrückung. Der Traum sei »Ahnung von Entzücken an der Ewigkeit, ... wie es dem Erleben der Schamanen entspricht: als Teilhabe an den Urkräften der Schöpfung«.[155] Weil Drewermanns Programm »Mit dem Traum, nicht mit dem Wort beginnen«[156] auf die einnehmende Kraft von Bild und Einbildung setzt, kann er seine theologische Umwertung auch nicht anders als suggestiv setzend begründen. Der theologische Wert des Wortes fällt unter der Suggestion des Ewigen in Traum und Bild dahin.

Worte aber sind zeitbedingt und zielen auf geschichtliche Wirkung. Die Sprache ist in einzigartigerweise das Medium, in dem geschichtliche, gesellschaftliche und politische Kämpfe sich artikulieren und stattfinden. In ihrem Medium entscheidet sich die Zukunft der Menschheit. Mit der Zurücksetzung der Sprache, des Wortes, der Predigt zu Gunsten des »bildhaftwortlosen Erlebens in den tiefen Schichten der menschlichen Psyche« verabschiedet sich Drewermann theologisch von der menschlichen Geschichte. Damit steht er im Bannkreis des mythischen Denkens, das der berühmte Mythenforscher dieses Jahrhunderts, Mircia Eliade, wie folgt charakterisiert: » . . . daß die Zeit durch die Nachahmung von Archetypen und die Wiederholung von urbildhaften Handlungen vernichtet werden soll.«[157]

Drewermann weiß, daß er sich mit seiner religiösen Wertung des Traumes vom biblischen Denken absetzt. Der biblische Glaube gründet sich nun einmal unübersehbar auf den Zusammenhang von Wort, Hören und Geschichte. Dem setzt Drewermann seinen angeblich ursprünglicheren Zusammenhang entgegen: Traum, Sehen als symbolisch-bildhaftes Erleben und Mythos. Damit ist der biblische Kommunikationszusammenhang zwischen Gott und Mensch aufgelöst und ersetzt durch einen um sich selbst kreisenden religiösen Erlebniszirkel. Drewermann ist sich zwar bewußt, »daß die religiöse Achtung des Traumes eher heidnischen als ursprünglich biblischen Quellen zuzuschreiben ist«.[158] Dennoch verwundert es bei einem eingetragenen Theologen, daß er sich bei der Begründung seiner Traum-Theologie nirgendwo mit dem Sinn des zweiten Gebotes, des biblischen Bilderverbotes, auseinandersetzt. In Alltagszusammenhängen würde man das Drückebergertum nennen . . .

Für das biblische Zeugnis insgesamt gilt, daß ihm eine Vergegenständlichung, eine Verbildlichung Gottes wesensfremd ist. Ihm ist alles heidnisch, wo Gott in wesenhafter Verbindung mit Natur, Geschichte oder den Menschen gedacht, vorgestellt wird. Religiöse Bilder unterstellen immer Wesensgleichheit zwischen Gott und Welt. Für die Bibel sind die Grenzen des Geschöpflichen unüberschreitbar und deshalb im Ausdruck des Glaubens auch nicht zu verwischen. Deshalb gelten Bilder, Abbildungen Gottes, in der Bibel als *Götzen*. Das Neue Testament benutzt für Götzen und Bilder dasselbe Wort (Eidola). »Ihr seid umgekehrt zu Gott von den Bildern (Eidola), um dem lebendigen und wahren Gott zu dienen« (1. Thess. 1,9). Im Unterschied zu allen nichtjüdischen Völkern, den Heiden, dient Israel keinen Bildern und Götzen. Es ist ihm von seinem Glauben her verboten. Denn alle religiösen Bilder laufen darauf hinaus, daß eine geschöpfliche, menschlich-geschichtliche Wirklichkeit verabsolutiert, mit Gott gleichgesetzt, also vergötzt wird. Alle Bilderverehrung läuft schließlich auf die Selbstanbetung des Menschen hinaus.

Das Bilderverbot richtet sich gegen die in der Verbildlichung Gottes zu Tage tretende »Weltanschauung«. Diese meint, daß Gott in der Welt erscheint, weil er ihr verborgenes Wesen ist. Jedem religiösen Bild liegt diese Weltanschauung zugrunde, weil Gott in ihm als Teil der Welt angeschaut wird. Biblisch ist das Verhältnis von Gott und Welt nicht das von Wesen und Erscheinung, sondern von Schöpfer und Geschöpf. Und die Welt, die Erde ist der gut geschaffene Ort, wo seine menschlichen Geschöpfe ihre Beziehungen nach seinem Bilde und ihm zur Ehre geschichtlich gestalten dürfen. Daraufhin ist biblisch die Struktur alles Geschaffenen von vornherein angelegt. Deshalb beginnt die Bibel mit den Worten: Im Anfang schuf Gott Himmel und Erde (1. Mos. 1,1).

Das religiöse Bild legitimiert den herrschenden Zustand der Welt als göttlich. Denn im kultischen Bild ist Gott als der verborgene Grund der Welt und als die alles erhaltene Mitte der Welt mit ihr versöhnt und in eins gedacht. So dichtet religiöse Bilderverehrung den Raum der Geschichte ab gegen eine Zukunft, die Neues bringt. In der Bibel erschließt sich Gott dem für Neues hörbereiten Menschen. In ihr ist das Letzte in der menschlichen Geschichte noch nicht angebrochen, sondern es steht eine ganz große Revolution bevor, die alles sichtbar Gegebene transformiert: daß Gottes Befreiung wird wie die Wogen des Meeres (Jes. 48,18) und sein Friede reicht bis an die Enden der Erde (Ps. 46,10).

Die strikte Trennung zwischen Gott und Welt war in der Antike exklusiv jüdisch und unterscheidet biblisches Denken von aller mythischen Religiosität, in der die Grenzen zwischen Göttern und Menschen, Sterb-

lichen und Unsterblichen zerfließen und die irdische Lebenswelt mit der
überirdischen verschmilzt. Drewermann wertet diese »Tendenz des Mythos, den Menschen in die umgebende Natur einzuordnen, ja unauflös-
lich den Menschen mit der Erscheinungswelt zu verschmelzen« als seine
»unzerbrechliche Ehrfurcht vor dem Weltganzen«[159].

Zieht man die von Drewermann ausgelassene soziologische Mythen-
forschung zu Rate, ergibt sich ein anderes Bild als das der religiösen
Harmonie zwischen Mensch und Natur. Nach R. Girard ist die religiöse
Erzählung des Mythos, besonders des Ursprungsmythos, selber Ver-
drängung einer gesellschaftlichen Wirklichkeit. Der Ursprungsmythos
als religiöse Feier und Gründungslegende einer Herrschaftsordnung gehe immer auf einen Gewaltakt zurück, der nachträglich zu einem heiligen Akt verklärt wurde.

»Die der Gründungsgewalt zugeschriebenen Wohltaten übersteigen in
überwältigendem Maße den Rahmen der menschlichen Beziehungen.
Die kollektive Tötung erscheint als Quelle aller Fruchtbarkeit; ihr wird
das Prinzip der Fortpflanzung zugeschrieben; die dem Menschen nütz-
lichen Pflanzen, alle eßbaren Produkte entspringen dem Leib des ersten
Opfers.«[160]

So besehen läßt sich die mythische Verschmelzung des Menschen mit
der Natur gut begründet auch anders deuten: Die Einordnung des Menschen in die als schicksalhaft gedeuteten Naturkreisläufe von Leben
und Tod dient der Legitimation von absoluter Herrschaft und rituellen
Menschenopfern.

Israel hat in seiner Geschichte den als Gott bekannt, der von Knechtschaft befreit, soziale Gerechtigkeit und weltweiten Frieden will. Dafür
lebendig einzustehen inmitten der gottesbildnerischen Völkerwelt, dazu
ist Israel erwählt. Die ersten beiden Dekaloggebote vom Sinai − »Ich
bin der Herr dein Gott, der ich dich herausgeführt habe aus dem Skla-
venhause, aus Ägypten. Du sollst keine anderen Götter haben neben
mir. Du sollst dir kein Gottesbild machen...« (2. Mos. 20,1-6)
− beinhalten eben dieses: den Raum der Geschichte offen halten für des
Menschen Freiheit in Gottes Gerechtigkeit, statt ihn mit Vergötzungen
von naturhaftem und geschichtlich Vorläufigem abzuschließen.

Nach biblischem Zeugnis ist es Israels Aufgabe, in der Menschheit für
diesen auf die geschichtliche Freiheit aller Menschen bedachten Gott

einzutreten. Deshalb gilt für alle biblische Theologie, daß die Stätte der Erkenntnis Gottes nicht die Welt im allgemeinen ist, die Schöpfung, sondern sein geschichtliches Handeln im besonderen, eben sein besonderes Handeln an und mit Israel. Das Bilderverbot spielt in der Geschichte Israels eine besondere Rolle. Propheten wie Jesaja führten einen erbitterten Kampf gegen Götzen- und Bilderdienst. Die Pharisäer lehrten, daß schon Abraham, der Stammvater Israels, die Götzen im Hause seines Vaters zertrümmerte. Der Talmud bestimmt: »Wenn einem vor einem Götzen ein Dorn sitzenblieb, so darf man sich nicht bücken, um ihn zu entfernen, weil es den Anschein hat, als bücke man sich vor dem Götzen; sieht man es nicht, so ist es erlaubt.«[161] Das Martyrium wurde dem Verstoß gegen dieses Gebot vorgezogen. Als Pontius Pilatus befahl, daß der römische Adler als Symbol der göttlichen Verehrung des Kaisers, im Tempel zu Jerusalem aufgepflanzt werde, lagerten sich Tausende von Juden vor dem Palast des Landpflegers und ließen sich auch durch seine schwer bewaffneten Legionen nicht vertreiben. Er nahm schließlich seine Anordnung zurück.

Von daher erscheinen auch die Bilderkritik und die bilderstürmerischen Bewegungen der Reformation in einem anderen Licht als bei C.G. Jung und Drewermann. Für C.G. Jung begann mit der Reformation ein bis heute andauernder Kulturzerfall, die Entheiligung der Bilder aus den religiösen Tiefen des kollektiven Unbewußten, also ein Sich-Vergreifen am religiösen Wesen des Menschen. Dasselbe gilt für Drewermann, für den es zwischen Selbstfindung und Gottfindung keinen Unterschied gibt, weil »die Schöpfung selbst in ihren sichtbaren Gestalten auf geistigen Bildern des unsichtbaren Gottes beruhe«.[162]

Die reformatorische Theologie vertraut auf das geschichtliche Wirken des gepredigten Wortes allein. Von daher ist Luthers Urteil zu verstehen, daß die äußerlichen Dinge dem Glauben keinen Schaden zufügen, wenn das Herz nicht an ihnen hängt, d.h. Bilder sind tolerabel, wo sie von vornherein für nebensächlich gehalten werden. Die aktiven Bilderstürmer, wie die Wiedertäufer zu Münster, zerstörten gezielt jene Bildsphäre, »in der sich in kirchlichem Gewande die Ansprüche von Obrigkeit und die Machtdemonstrationen herrschender Schichten darstellten«[163].

Nur eine Theologie des Wortes hat von ihrem Ansatz her die Fähigkeit, der Herrschaft des sichtbar Gegebenen, der Flut des Unbewußten und der Macht der politischen Bilder kritisch standzuhalten. Drewermanns Bildertheologie ist schon im Ansatz dem Zeitgeist des Vorfindlichen ausgeliefert. Sie ist deshalb nicht befreiend, weil sie den Totalitätsanspruch des anschauenden Sinnes befördert, der immer wieder unsere Kultur dominiert – von der religiösen Bilderwelt der Gotik über die faschistische Propaganda bis zur modernen medialen Bildüberflutung.

In der Bibel bezieht sich Heiliges nicht auf die Welt als Raum, auch nicht auf alles Leben. Das Heil ist nicht schon fertig da. Es kann weder in den Abgründen der Welt, noch in den menschlichen Seelengründen gefunden werden, auch nicht mit religiöser Tiefenschürfung. Die menschliche Zeit ist biblisch nicht, wie bei Drewermann, Zeit zur Selbstfindung im räumlich Vorfindlichen. Seine Konzeption ist der abgeschlossenen Totalität des Raumes verhaftet und von seinen abgründigen Bildern fasziniert.

In der Bibel gibt es nichts von Natur aus Heiliges. In ihr geht es um eine andere geschichtliche Zeit, als die vom gegenwärtigen Weltzustand geprägte, um die Heiligung der menschlichen Zeit im Blick auf eine neugestaltete Welt. Die Bibel benutzt das Wort heilig zum ersten Mal im Blick auf den siebten Tag, den Sabbat, den Gott heilig machte (1. Mos. 2,3). Mythisches Denken verbindet mit der Erschaffung der Welt besondere heilige Orte, es zielt auf eine heilige Architektur des Raumes. Die Bibel macht im Siebentagewerk der Schöpfung deutlich, daß es ihr um die Heiligung der Zeit geht: Alle Welt ist bestimmt von den Zeiten Gottes und steht unter der Verheißung seiner im Sabbat geheiligten Zeit. Dabei ist das Geschichtliche entscheidend. Es ist die Bedeutung des Sabbats, die Zeit zu feiern und nicht den Raum. Sechs Tage lebt der Mensch unter der Tyrannei der vorfindlichen, allen Raum beherrschenden Lebensbedingungen. Am Sabbat bricht sich das Diktat der unseren Raum beherrschenden Bedingungen, er ist von der Sklaverei des gesellschaftlichen Lebens real befreite Zeit. Der Sabbat ist als Zeitspanne dieser Tyrannei enthoben, aus ihr für einen besonderen Zweck beiseite gestellt und damit die real gelebte Hoffnung auf eine von Tyrannei befreite Zeit.

»Und Gott segnete den siebenten Tag und heiligte ihn« (1. Mos. 2,3). Das hebräische »heiligen« bedeutet wörtlich »beiseite stellen«. Dasselbe gilt, wenn die Bibel das zweite Mal von »heilig« spricht, daß Israel das erwählte Volk Gottes, ein heiliges Volk ist (2. Mos. 19,6). Israel ist mit der Gabe der Thora aus der Schar der Völker beiseite gestellt, um ein Priestervolk zu sein, d.h. mit seiner Existenz in der Feier des Sabbats, im Leben nach den gerechten Weisungen der Thora dafür Zeugnis abzugeben, daß Gott für die Menschheit eine Zeit in Frieden und Gerechtigkeit vorgesehen hat. Biblisch lebt inmitten der religiösen Völker, die mythisch den Raum und alles Leben für heilig halten, Israel für die Heiligung der Zeit nach dem Willen Gottes.

Deshalb unterscheidet die Bibel zwischen dem Volk Israel (hebr.: am) und den anderen Völkern (hebr.: gojim), die in der deutschen Übersetzung gewöhnlich »Heiden« genannt werden. Was bedeutet »heidnisch« also der biblisch-theologischen Sache nach?

1. Heidnisch ist ein religiöses Denken, das Gott und Welt im Verhältnis von Grund und Sein, Wesen und Erscheinung ineinander (göttlicher Grund der Welt) sieht, und nicht als wesensverschieden und absolut getrennt im Gegenüber von Schöpfer und Geschöpf.

2. Heidnisches Denken sucht nach Spuren Gottes in der Natur, des Seins, in den Tiefen der Seele, im Wesen des Menschen etc. und fragt nach seiner notwendigen Repräsentanz in der Erscheinungswelt, die dann immer in Bildern sich ausdrücken wird. Alt- wie neutestamentlich gelten solche Bilder als Götzen, als Nichtse. (Jes. 44,9-20; 1. Kor. 12,2; 1. Joh. 5,21)

3. Heilig ist in der Bibel deshalb nicht, wie in allen Mythen die Welt, das Leben und sein Raum als solche, sondern die Zeiten und die zeitlichen bzw. geschichtlichen Werkzeuge Gottes (Sabbat, Israel, Messias), die er dazu ausersehen hat, daß sie die Menschen daran erinnern, daß ihr Leben und ihr Raum unter der Bestimmung stehen, mit Gottes Heiligkeit erfüllt zu werden. Biblisch ist Heiligkeit geschichtliche Verheißung und nicht räumlich gegenwärtiges Geheimnis.

Drewermanns Evangelium von der Wehrlosigkeit und die Verteufelung von Ethik und Politik

Drewermann ist ein entschiedener Gegner des Ethischen und des Politischen. Das ergibt sich nicht nur aus seinem geschichtslosen, rein psychologischen Denken. Er sagt ausdrücklich, daß Erlösung darin besteht, aus dem Dilemma der ethischen Anstrengungen herausgenommen zu sein. In dem Vorwort zu seinem »politischen« Buch »Der Krieg und das Christentum« heißt es, die »Theologie weist eine wesenhafte Verwandtschaft nicht zur Politik, wohl aber zur Tiefenpsychologie auf: Beide wissen, daß nur die Angst den Menschen daran hindert, zu leben, was er ist«. Drewermann führt alle menschlichen Probleme auf das Grundgefühl der Angst zurück. Ihre Lösung kann deshalb nur von der Religion oder von der Psychotherapie kommen, denen es allein um die »Wahrhaftigkeit in Herzensdingen« und den »Mut zur gottgewollten Subjektivität« geht. »Politisch ist es unverantwortlich, ein eigenes Gefühl auch öffentlich zu leben.« Das klingt sympathisch. Drewermann wertet aber die von jedem verantwortungsbewußten Politiker mit Recht zu erwartende persönliche Zurückhaltung nicht positiv. Sondern für ihn ist diese Reserve schon der Teufel im Detail, der die gottgewollte Subjektivität unterdrückt und alle Politik als solche charakterisiert. Ihre Domäne ist die Macht, »im besten Fall das Ethische ... Die Theologie und die Psychotherapie fragen allein danach, wer ich sein darf – sie zwingen nie, wenn sie sich selber recht verstehen.« Das klingt einfach und ist dualistisch, eine scharfe Zweiteilung der Welt in Gut und Böse.

Alles Politische ist für Drewermann von seinem Wesen her verdorben und er vertritt folgerichtig die Meinung, »daß der Krieg nicht erst aus einer falschen Politik sondern aus dem Wesen des Politischen selbst hervorgeht«.[164] Für ihn laufen politisches Handeln und ethische Weisung als rein äußerlicher Zähmungsversuch des Menschen auf dasselbe hinaus, nämlich den Menschen von seinen wahren Gefühlen abzuspalten und ihn zwanghaft unter die Knute zu nehmen. Für Drewermann sind Religion und Ethik bzw. Politik unüberwindbare Gegensätze. »Statt den Menschen moralisch unter die Knute zu nehmen, versucht die Religion, den Menschen von der Angst und dem Gefühl der Daseinsschuld innerlich zu erlösen.«[165] »Statt die menschliche Aggression

mit ethischen Direktiven zurückzuschneiden, aufzustauen oder einzumauern, versucht die Religion zumindest in ihren symbolischen Lehren, die menschlichen Triebenergien, und dabei besonders die Aggression, in ihrer Dynamik zu bejahen und zu bestätigen; lediglich in ihrer Zielsetzung versucht sie, die Triebregungen zu verwandeln, zu sublimieren.«[166]
Das läuft auf den schroffen Gegensatz von geheiligter innerer Gefühlswelt (Religion, Psychologie) und verteufelten äußeren Handlungen (Ethik, Politik) hinaus. Prinzipiell läßt eine solche Sichtweise keinen Raum für rechtmäßige politische Gewaltanwendung, sei es zum Schutz Verfolgter, sei es ein Aufstand oder Widerstand für soziale Gerechtigkeit. Die Sache ist allerdings komplizierter, denn Drewermann tritt ja öffentlich ein für die »legitimen Rechte der Kurden auf einen eigenen Staat«[167], und er sieht auch Gottes Wirken in der »Rebellion der ewig Ausgebeuteten«[168]. Dabei geht es ihm allerdings nur um das Daseinsrecht der geängstigten Seele, nicht aber um Einweisung in geschichtliche Verantwortung und Einsatz für politische Befreiung in der Hoffnung auf das kommende Reich der Gerechtigkeit. Drewermann ist Gegner der politischen Befreiungstheologie. Befreiender Gewalt gegenüber ist er nicht nur skeptisch, weil Gewalt als äußerliches Mittel theologisch unter der Kritik der Liebe steht und nur vorläufiges Mittel zur Herstellung von Gerechtigkeit sein kann. Befreiende Gewalt ist in seiner Theologie überhaupt nicht denkbar, weil sie bei seiner einfachen Zweiteilung der Welt nur vom Bösen sein und zum Bösen dienen kann. Ein inneres Recht auf gewaltsamen Widerstand kann es in dieser reinen Gefühlstheologie nicht geben. Folglich plädiert Drewermann in politischen Konflikten für rein pazifistische Lösungen.
»Der Pazifismus ist eine ungeheure Macht, wenn er aus der Sicherheit und Stabilität des Herzens kommt. Und keine Kraft auf dieser Welt ist größer als die Sanftmut. Sie taut die Eisberge ab. Und nasse Füße bekommen nur diejenigen, die ewig übers Eis gehen zu können glauben – selbst bis es bricht.«[169]
Solcher Art poetischem Allgemeinplatz entsprechen da, wo es politisch konkret wird, äußerst fragwürdige und oberflächliche Ansichten.
»Der konsequent gehandhabte Pazifismus wäre ein sicherer Weg gewesen, den Faschismus zu verhindern ... Mir scheint, daß Adolf Hitler uns erspart geblieben wäre, hätten die Nationen 1920 nicht einfach ei-

nem einzelnen Volk die Schuld an allem, was geschah, aufgebürdet, sondern den Beschluß gefaßt, auf allen Seiten abzurüsten, und hätten sie dem deutschen 60-Millionen-Volk die Schande erspart, als einziges abrüsten zu müssen.«[170]

Diese wenigen Sätze sind voll von gefährlichen Verfälschungen, ja psychologischen Verdrehungen. Laufen sie doch darauf hinaus, den Nationalstaaten der Entente die Schuld an Hitler und Auschwitz in die Schuhe zu schieben und den deutschen, rassistischen Nationalismus und Antisemitismus zu entlasten. Dabei hatte dieser sich schon Jahrzehnte vor dem ersten Weltkrieg zur herrschenden Ideologie entwickelt und das öffentliche Klima in Deutschland vergiftet. Ebensogut ließe sich dagegen argumentieren, die von der Mission des Germanentums beseelten deutschen Militaristen hätten sich durch eine Politik der Schwäche nur erst recht ermutigt gefühlt. Psychologisches Argumentieren auf dem Feld des Politischen gewinnt also leicht den Charakter des Beliebigen und Willkürlichen, besonders wenn wichtige Differenzierungen durch pauschale Bilder ersetzt werden. Drewermann reduziert das Wesen des Psychologischen durch Vereinfachung und Schuldzuweisung, um zu beweisen, daß das Wesen des Politischen der Krieg sei. Faktisch betrachtet Drewermann zudem das deutsche Volk als Subjekt der Auf- und Abrüstung und unterschlägt die Verantwortung der herrschenden Elite, der politischen Entscheidungsträger der damaligen Zeit; die breite antimilitaristische Opposition von Kommunisten, Sozialdemokraten, aber auch Christen findet bei Drewermann keine Berücksichtigung. So landet er beim nationalistischen Schlagwort der »Schande von Versailles«, das zum politischen Stimmungsrepertoire der revanchistischen Rechten und Hitlers während der Weimarer Republik gehörte.

Hier wird das Gefährliche an Drewermanns Psychologisierung des Politischen deutlich. Nach seiner Argumentation wären nur die Nationalisten der anderen Völker am deutschen Nationalsozialismus schuld. So wird er trotz seiner Abwertung des Äußerlichen, politisch Parteilichen, auf dem Weg einer scheinbar objektiven psychologischen Stellungnahme doch unversehens selber Partei, in diesem Fall der nationalistischen Rechten – und das trotz pazifistischer Moral. Sein pazifistisches Ethos steht der Welt des Politischen als ungeschichtlicher, ewiger Appell unvermittelt gegenüber. Damit entledigt er sich der Mühe, die konkrete menschliche Verantwortung aus der jeweiligen konkreten geschichtlichen Situation heraus zu benennen. Dazu gehört aber eine differenzierte Beschreibung, die soziale und ökonomische Zusammenhänge nicht unterschlägt. Drewermann geht dem aus dem Weg, aus ideologischen Gründen. Denn ihm geht es primär nicht um Ethik in der Geschichte, sondern um die angeblich übergeschichtliche, religiöse Wahrheit eines allgemein menschlichen Herzenspazifismus.

Drewermanns grundsätzliche Zweiteilung des Menschen in seelische Innen- und politische Außenwelt kann nicht die Herkunft aus der romantischen und konservativen Denktradition verleugnen. Die Mehrheit der deutschen Intellektuellen waren sich bis 1918 überwiegend darin einig, daß Politik »etwas Ekelhaftes« (Nikolaus Lenau) sei bzw. »den Charakter verdirbt« (Thomas Mann).[171] Um sie habe sich der Seelenmensch nicht zu kümmern. Drewermann äußert sich zwar auch parteilich zu politischen Zeitereignissen, wie z.B. in seinen »Reden gegen den Krieg« während des Golfkrieges, wo er das militärische Vorgehen der Vereinigten Staaten öffentlich verurteilte. Prinzipiell wäre es aber vom Ansatz seines Denkens her ebenso konsequent, sich von solchen Ereignissen angewidert zu distanzieren. Denn die politische Sphäre ist für Drewermann verdorben und nicht reformierbar.

Der Antithese des äußerlichen Ethischen zur innerlichen Religion entspricht bei Drewermann das theologische Gegensatzpaar von Gesetz und Evangelium. In seinen neutestamentlichen Auslegungen versucht er immer wieder einen Gegensatz zu konstruieren zwischen der gesetzlichen Botschaft der Propheten des Alten Testamentes und der Botschaft Jesu: »Fast möchte man meinen, eine ganze Welt liege zwischen ihm und all den anderen Verkündern Gottes . . . Ganz anders ist das Denken Jesu über unser Leben.«[172]

Das Religiöse ist für Drewermann die in der Tiefe eines jeden menschlichen Herzens wurzelnde Eingebung, »die absolute Wahrheit des Herzens«[173], die von dort kommende Stimme der Liebe und Gewaltlosigkeit. Das Ethische besteht für ihn darin, »die absolute Lösung des Religiösen in Form ethischer Postulate zu relativieren«.

»Wenn die Evidenz der religiösen Erkenntnis nicht auf jedermann übertragbar ist, dann wächst wie von selbst der Zwang, aus der Religion eine Lehre des richtigen Verhaltens zu machen.«[174] Deutlich ist, daß

Drewermann im Ethischen immer schon den Verfall des Religiösen ins Äußerliche sieht. Nach ihm verläuft alle Religionsgeschichte nach dem Muster von ursprünglicher innerer Eingebung und folgendem Verfall durch Vergesetzlichung und Institutionalisierung. Das ursprünglich frische himmlische Quellwasser wird in Flaschen abgefüllt, und den Späteren bleibt nur noch ein fades Getränk. Dieses Muster überträgt Drewermann auf das Verhältnis von Evangelium und Gesetz, von Frohbotschaft und Thora.

Als Hindernis dieser Sichtweise erweist sich zunächst die historische Reihenfolge. Die Thora war vor dem Evangelium da. Entscheidend aber ist das die ganze Bibel prägende Ziel: alle Weisungen sind Forderung nach Freiheit, alle Gesetze sind Einweisung in soziale Gerechtigkeit, zwischenmenschlichen Frieden und Solidarität mit den Schwachen. »Und sieh, wie aus dem Gesetzgeber Mose plötzlich ein Evanglist geworden ist, d.h. ein Ausrufer der Gnade und Barmherzigkeit.« (Melanchton)[175] Gerade das Studium des biblischen Gesetzes führt in die Erkenntnis des liebenden Gottes, und das Tun der Thora bewährt seine Güte (Ps. 1). Eine Trennung von äußerer Gesetzeserfüllung und innerer Lebensfreude gibt es hier nicht. Beides gehört zusammen und bedingt einander. Bei Drewermann aber fällt das Judentum unter das Verdikt einer veräußerlichten Gesetzesreligion. Er nimmt theologisch nicht zur Kenntnis, daß der jüdische Jahreskalender mit der »Freude des Gesetzes« endet, einem Fest, wo die Thorarollen singend und tanzend aus den Synagogen und durch die Straßen getragen werden.

Andererseits unterschiebt Drewermann unzweideutig rabbinischen, schriftgelehrten Worten Jesu einen anderen Sinn. Der Markusperikope mit der Frage nach dem höchsten Gebot (Mark. 12,28-34) unterlegt er einen beißenden Gegensatz zwischen den rechthaberischen Schriftgelehrten, die aus »purem Haß« handeln, und Jesus, der ein »sehr weites Herz« hat und ihnen in »Ruhe und Klarheit« entgegnet. Angesichts des Ausgangs der Disputation, wo Jesus zu den Schriftgelehrten sagt: »Du bist nicht fern vom Reiche Gottes« (V. 34), ist das eine sehr merkwürdige Auslegung. Das liegt daran, daß Drewermann die rabbinische Frage nach dem höchsten Gebot als theologische »Rechthaberei« mißversteht und nicht als die ganze Generationen von jüdischen Schulen vor und nach dem Jahre Null bewegende Frage nach der menschlichen Mitte der

Weisung des Gottes Israels. Drewermann dagegen spricht in antijüdischer Polemik von »Thorajuristen«. Während er Jesus alleine als lebensnah versteht, dem es in unüberbrückbarem Unterschied zu jenen Rechtsformalisten darum geht, »worauf es in unserem Leben am meisten ankommt«[176]. Kein Wort davon, daß es Rabbi Hillel, Rabbi Schammai, Rabbi Ben Asai, Rabbi Tanchuma, Rabbi Akiva und mit ihnen dann auch dem Rabbi Jesus in der Frage nach dem höchsten Gebot darum ging, das verdichtet auszudrücken, was das Leben der Frommen und das Leben des Gottesvolkes im Innersten, vom Herzen her bewegt und aufrecht hält.

Kein Wunder, daß angesichts dieser Wolke von fragenden Rabbinern Jesu Antwort keineswegs einzigartig dasteht, sondern mit denen von Rabbi Hillel und Rabbi Akiva übereinstimmt. Aber auch die Antwort des nach dem Neuen Testament mit Jesus disputierenden Schriftgelehrten (V. 32-33), deckt sich fast völlig mit der von ihm zuvor gegebenen (V. 29-31). Dieser Markustext bietet keinerlei Anhaltspunkte dafür, einen Keil zwischen Jesu Lehre und die der Pharisäer zu treiben. Sein Tenor ist die gegenseitige Übereinstimmung in einer der entscheidenden Fragen rabbinischer Lehre, der nach der lebendigen Mitte der Thora. Daß diese im Liebesverhältnis zwischen Gott und Mensch sowie zwischen Mensch und Mitmensch zu finden ist, darin waren sich alle Disputanten einig. Strittig war nur die Stelle der Thora, die das inhaltlich am umfassendsten und sprachlich am kürzesten wiedergibt.

Das läßt sich gerade an der überlieferten rabbinischen Diskussion im Talmud nachweisen, wenn etwa mehrere Rabbiner darüber diskutieren, ob 1. Mose 5,1: »als Gott den Adam erschuf, machte er ihn Gott ähnlich« oder 3. Mose 19,18: »du sollst deinen Nächsten lieben wie dich selbst« höchstes Gebot sein könne. Die Diskussion endet mit der Begründung, daß die Regel der Nächstenliebe umfassender sei als die Feststellung der Gottesebenbildlichkeit des Menschen.[177] Die Auslegung Drewermanns ist also völlig an den Haaren herbeigezogen. Sie übergeht in traditionell antijudaistischen Bahnen die Lebenswelt Jesu, die jüdische Überlieferung: hier der liebe Jesus, dort die von Haß verzehrten und im Formalismus erstarrten Schriftgelehrten. Ganz im Gegensatz dazu bezeugt das Neue Testament, wie mittlerweile viele Bibelauslegungen vor allem im Rahmen des jüdisch-christlichen Dialoges zeigen, daß

Jesus mit der rabbinisch gelehrten Umwelt seiner Zeit in den entscheidenden Glaubensfragen konform geht. Dazu gehört auch die Lehre, daß in der Mitte des Gesetzes die Botschaft von der Liebe Gottes steht.[178] Von der Liebe spricht Drewermann zwar auch, aber nicht von der des Gottes Israels. Liebe ist für ihn nicht an eine Weisung gebunden, nicht jüdisch-biblische Ethik, sondern allgemeine Herzenssache: unverbindliche Idylle und trügerischer Traum.

Somit erweist sich die Drewermannsche Antithese von Religion und Ethik als biblisch unhaltbar. Ob sie außerhalb des jüdisch-christlichen Bereiches auf andere Religionen anwendbar ist, möchte ich bezweifeln. Unsere kurzen Streifzüge durch die Pharaonenreligion (s.o. S. 60 ff.) und den chinesischen Ahnenkult (s.o. S. 82 f.) lassen es als begründet erscheinen, hier ganz andere Welten zu vermuten, denen mit der aus dem christlich-abendländischen Bereich sattsam bekannten Gegenüberstellung von innerlich – äußerlich eher Interpretationszwang angetan wird. Diese Welten sollte man aus sich heraus zu verstehen versuchen, anstatt sie mit weltanschaulichen Mustern unserer Kultur zu vereinnahmen und zu entstellen.

In der Antithese von der Wahrheit der inneren Religion im Gegensatz zum unwahrhaftig Veräußerlichten in Geschichte, Ethik und Politik liegt noch eine andere Gefahr. Innerhalb dieses Gegensatzes kann es systematisch gar keinen Ansatzpunkt für eine humane Ethik mehr geben. Das ist besonders brisant, da Drewermann gerne Humanität und Menschlichkeit für seine Position reklamiert. Deren Quelle meint er in ausdrücklicher Abgrenzung vom ethischen Bewußtsein finden zu können, wie seine Auslassungen zum Phänomen des Krieges in der Menschheitsgeschichte zeigen.

Aufgrund der »langen Spur von Greuel und Grauen, die der Krieg in der Geschichte der Menschheit hinterlassen hat« sieht er in ihm »die Verkörperung des Bösen an sich ... Das einfachste Prinzip aller Humanität, die Person eines Menschen stets als Zweck, niemals als Mittel zu betrachten, wird in der blutigen Mathematik des Krieges mit Füßen getreten.«[179] Damit ist kein ethisches Urteil gemeint, sondern die Beschreibung eines psychischen Zustandes. Der Krieg sei ethisch gar nicht nicht zu beurteilen, weil er »die Widerlegung der Ethik selbst« ist. Drewermann erklärt den Krieg rein individualpsychologisch. »Es gibt keine einzige ethische Entscheidung, die in der Tretmühle des Krieges, in der Logik der Angst, in dem eskalierenden Wechselspiel von Gewalt und Gegengewalt sich nicht dialektisch selbst widerlegen würde.«[180] Mit dem oft gebrauchten Bild der alles zermahlenden Mühle zielt er auf den Strudel der Angst, der im Krieg ins Unendliche gesteigert ist und deshalb auch in immer weiter eskalierende Abwehrreaktionen führt. Drewermann geht davon aus, daß das gesamte Dasein des Menschen sich durch das Bewußtsein in unendlicher Angst reflektiert. Die Kernfrage der Existenz ist daher, wie diese Angst beruhigt werden kann: im Unendlichen durch die Religion oder im Endlichen durch menschliche Umgestaltung der Angstsituationen. Dabei unterliegt der Mensch im Unterschied zum Tier der Verführung, einen Konflikt endgültig lösen zu wollen, indem er den Gegner tötet.

»Der Mensch will die Gefahren, die ihn bedrohen, ein für allemal vermeiden, obwohl er doch weiß, daß es letztlich gegenüber dem Tod als Inbegriff aller Gefahren kein Entrinnen geben wird. Insofern hilft das Bewußtsein zwar bestimmte Angstsituationen durch vorausschauendes Handeln zu überwinden, aber es steigert auch zugleich den Faktor der Angst ins Unendliche und mithin auch den Willen zu übersteigerten Abwehrreaktionen. Vor allem im Umgang mit einem Gegner gibt es letztlich von Fall zu Fall immer wieder nur eine einzige endgültige Lösung: den Tod, und so sieht man die menschliche Intelligenz vom ersten Moment ihres Auftretens an damit beschäftigt, die Herstellung von Waffen, von Instrumenten zum Töten, zu verbessern, um eine Angst zu beruhigen, die in dieser Schärfe überhaupt erst durch das Bewußtsein entstanden ist. Einem Tier genügt es, einen konkurrierenden Artgenossen zu vertreiben, ein Mensch muß seine Gegner töten, um ihn für immer loszuwerden.«[181]

In dieser soghaften Spirale der Angst spielen ethische Unterscheidungen zwischen verschieden strukturierten Konflikten keine Rolle. Dafür läßt Drewermann auch keinen Platz. Denn das menschliche Bewußtsein erscheint ihm wie eine evolutionsgeschichtliche Sackgasse, in der es im Strudel der Angst und als ihr wesentlicher Motor schicksalhaft immer weiter auf Tod und Vernichtung zutreibt. Bewußtes ethisches Handeln kann bestenfalls die Grundsituation des in seiner Angst hilflos treibenden Menschen verdecken.

Quer zu aller den geschichtlichen Kontext berücksichtigenden Ethik bleibt für Drewermann nur ein ungeschichtlicher und unpolitischer Herzenspazifismus, auf dessen Problematik wir schon eingegangen sind. Für eine solche, alle politischen Unterschiede verwischende, psychologische Sicht ist es letztlich einerlei, ob es sich um einen Eroberungskrieg, einen Bürgerkrieg, einen Befreiungskampf, einen reinen Verteidigungskrieg, um einen Krieg mit konventionellen Waffen oder mit atomaren Vernichtungsmitteln handelt.

Drewermann ist hier der große Vereinfacher, für den der atomare Krieg prinzipiell in jeder Rauferei auf dem Schulhof schlummert. Das atomare Zeitalter begann für ihn nicht geschichtlich, also 1945, sondern steht prinzipiell immer an, in jeder Schlägerei.

»Wenn irgendein Junge auf dem Pausenhof sich mit einem anderen Jungen schlägt, gehen wir dazwischen... Aber wenn ein Junge 18 Jahre alt ist, soll das alles nicht mehr gelten? Dann dreht sich plötzlich die Logik, und er hat erwachsen zu sein... und auf Befehl zu töten, massenweise zu töten.«[182]

Im Rahmen des Drewermannschen Denkens sind solche Sätze nicht ein Plädoyer für ethische Konsequenz, sondern sie sollen entlarven, daß das ethische Handeln im selbstzerstörerischen und sich selbst widersprechenden Strudel der Angst treibt. Das einzig wirkungsvolle Mittel gegen den Krieg sieht Drewermann im Hinabtauchen in den seelischen Abgrund, in die religiösen Tiefen eines jeden Menschen, aus denen jeder als Herzenspazifist wieder auftaucht.

»...man muß in aller Stille und so sorgfältig wie möglich versuchen, das Ungeheuerliche zu verstehen und die Gründe zu begreifen, aus denen heraus Menschen Kriege immer wieder führen... Verständnis, Güte und Geduld scheinen die einzigen Mittel, um der Blutmühle des Krieges zu entrinnen. Die ethischen Verurteilungen hingegen schaffen nur neue Illusionen, Enttäuschungen und Bitterkeiten. Um sich vor Erdbeben zu schützen, muß man die Gesetze des Vulkanismus kennen, und nur wer tief genug in den Feuerofen der menschlichen Psyche hineinblickt, wird sich von ihrem eruptiven Magma retten können.«[183]

Mehr als eine poetisierende Beschreibung der politischen Probleme von Krieg und Frieden sind solche Sätze nicht. Daß malerische Psychologie einen realen Ausweg anbietet, kann nicht ernsthaft behauptet werden. Drewermann scheint das Illusionäre seines sanftmütigen Herzenspazifismus zu ahnen. Das bewegt ihn aber nicht dazu, politisch vernünftige Vorschläge zu machen oder zu unterstützen, sondern mit einem Hauch von Zynismus vom Untergang der Menschheit zu sprechen: »Selbst angesichts der Katastrophe bleibt nur die Macht der Sanftmut, des Verständnisses und der Geduld. Genügt sie nicht, so ist die Apokalypse eben nicht vermeidbar.«[184]

Trotzdem dogmatisiert Drewermann die absolute Gewaltlosigkeit zum Heilsweg der Welt und Jesus zum antipolitischen Prediger des reinen Pazifismus, der allein den durch ethische Weisungen und politisches Handeln nur immer von neuem angeheizten Kreislauf aus Angst und Gewalt durchbrechen können soll. »Er, Jesus, aber hat eine andere Sicht der Dinge vertreten; er wollte gegen die Gewalt endgültig nicht mehr die Gegengewalt, sondern die Gewaltlosigkeit, ja die Wehrlosigkeit setzen.«[185]

Die so ausgelegte Weisung aus der Bergpredigt »Ihr habt gehört, daß gesagt ist: Auge um Auge und Zahn um Zahn. Und ich sage euch, daß ihr dem Bösen nicht widerstehen sollt; sondern wer dich auf den rechten Backen schlägt, dem biete auch den andern dar . . . und wer dich nötigt, eine Meile weit zu gehen, mit dem gehe zwei« (Matth. 5,38.39.41), läuft für Drewermann auf das immer und ewig gültige »Paradox der Gewaltüberwindung durch Gewaltverzicht« hinaus.

Jesus selber scheint das dann nicht so genau genommen zu haben. Denn als ihm der Diener des Hohenpriesters ins Gesicht schlägt (Joh. 18,22ff) empört er sich gegen diese Mißhandlung. Andere Male spricht er zumindest in Vorstellungen von Gewalt (Matth. 10,34; Luk. 22,36) oder von gewaltsamen Veränderungen wie in den apokalyptischen Endzeitreden (Matth. 21). Wir fragen also besser nach der Situation, für die die Thora-Auslegung der Bergpredigt gemeint ist. Der Text selber deutet sie an. Jesus spricht von einem Berg herab (Matth. 5,1) zu seinen Jüngern, wie Gott durch Mose vom Berg Sinai zum Volk Israel, das am Fuße des Berges lagert. Für die Jesus-Gemeinden können wir davon ausgehen, daß sie sich wie andere Juden in der Situation schärfster Verfolgung durch die römischen Behörden befanden. Die Römer hatten das Land besetzt, und für des Widerstands verdächtige Personen galt faktisch militärisches Standrecht. Eine Unterdrückungssituation, in der

Widerstand, nicht nur bewaffneter, zwecklos, weil selbstmörderisch war. Dieser Situation gilt die Thora-Auslegung der Bergpredigt. Es geht ums Überleben. Jesus wollte sein Volk und seine Jüngergemeinden nicht verbluten lassen. Jesu Mahnworte, daß »alle, die zum Schwert greifen, durch das Schwert umkommen« (Matth. 26,52) ist ein bluternster Hinweis auf die unerbittliche Schwertjustiz der Römer.

So meint das Wort von der zweiten Meile das Zwangsrecht der Römer, jeden Juden zu verpflichten, für eine Meile sein Gepäck zu tragen, den oktroyierten Frondienst in freiwilliges Geleit zu verwandeln. Dadurch eröffnen sich neue Chancen. »Können zwei miteinander wandern, es sei denn, sie werden einig unterwegs?« (Am. 3,3) Ähnliches gilt für das Wort von der rechten Wange. Da Jesus es selber nicht wortwörtlich befolgt hat, wird auch dieser Rat der geschichtlichen Situation gegolten haben. In der Tat neigen viele Ausleger dazu, es als Aufforderung zum passiven Widerstand zu verstehen. Aber nicht als ewigen Grundsatz, sondern als von der besonderen Situation geforderte Form des Widerstandes, damit das Volk unter der gnadenlosen Militärdiktatur der Römer nicht verblutet.

So erklärt sich, daß die Bibel und auch Jesus an keiner Stelle gewaltsamen Widerstand grundsätzlich verurteilen. Jüdisches Denken kann und wird sich nicht vom Recht des Volkes Israel auf seinen Selbsterhalt in der kriegerischen Völkerwelt verabschieden. Das Recht auf Selbsterhalt steht biblisch neben aller Verurteilung von Macht und Gewaltherrschaft. Die Bibel teilt aber nicht die Illusion, als sei durch das Prinzip der Wehrlosigkeit in der Geschichte irgend etwas zu bewirken. Ihr Konzept sagt vielmehr, daß die Gemeinschaft der Nächstenliebe (Israel) politisch sicher leben muß, damit die Weisungen der Thora geschichtlich Fuß fassen können. Eine Ethik, die sich geschichtlich durchsetzen soll, muß auch geschichtliche Verankerung in einer politisch stabilen Gemeinschaft haben. Das ist biblisch das um die Thora versammelte und am Sinai dazu erwählte Volk Israel.

»So spricht der Herr: Zur Zeit der Huld habe ich dich erhört und am Tage des Heils dir geholfen; ich habe dich geschaffen und dich gemacht zum Bundesmittler für das Menschengeschlecht, indem ich dem Lande wieder aufhelfe und verwüstetes Erbgut wieder verteile.« (Jes. 49,8)

Da den pazifistischen Appellen Drewermanns der Rückbezug zum biblischen Gottesvolk und überhaupt jegliche geschichtliche Verankerung fehlt, ist sein moralisches Anliegen letztlich theologisch ebenso wie politisch haltlos. Indem er die Geschichte überspringt, will er seine Moral aus dem zweifelhaften Urgrund des menschlichen Wesens an sich, ja des Lebendigen an sich schöpfen, an dem jeder Mensch in der Tiefe seines Herzens angeblich teilhat. So ist aber keine Gemeinschaft in Nächstenliebe – die biblische Hoffnung – denkbar. Denn menschliche Liebe gründet sich auf sozialen wie geschichtlichen Vertrauensverhältnissen mit einem realen Gegenüber: auf die Verläßlichkeit des Nächsten, auf die Treue Gottes zu seinen Verheißungen. Bei Drewermann gründet menschliche Liebe in der Annahme, daß der Einzelne, von allem Geschichtlichen und Sozialen losgelöst, absolut angenommen ist. Ethische Verbindlichkeit, Solidarität und Füreinandereintreten spielen dabei keine Rolle. Der Einzelne versucht sich selbst zu erlösen durch seine Glaubensvorstellung, durch Hineinversenken in den religiösen Bilderschatz seines kollektiven Unbewußten und erlösendes Wiederauftauchen. Soziale Partner sind dafür prinzipiell nicht nötig.

Der Gedanke von der Erlösung des Menschen durch die eigene Bilderwelt der Träume und die Verteufelung des Ethischen laufen auf die Vorstellung hinaus, daß jeder Mensch völlig allein und auf sich gestellt den Abgründen seiner Seele gegenübersteht und dem bösen Strudel des Politischen ausgeliefert ist. Für ethisches Engagement bietet dieses Menschenbild kein Fundament. Trotzdem protestiert Drewermann, wie wir sahen, gegen eine kriegerische Politik, auch gegen das von Menschen verschuldete Leid der Tiere. Auf dem Hintergrund seines Menschenbildes bekommen seine Appelle jedoch den Charakter des Haltlosen. Denn um seinen eigenen Voraussetzungen treu zu bleiben, kann er seinen politischen Protest nicht ethisch begründen. Für ihn liegt alles Übel darin, daß die Menschen zu wenig mythisch denken. Da er keinen verläßlichen Halt im Sozialen sieht, sucht er einen unzerstörbaren im einzelnen Menschen, den Glauben an die Unsterblichkeit.

»Nämlich daß der Glaube an die Unsterblichkeit der menschlichen Seele, an die Ewigkeitsbedeutung jedes einzelnen Menschen, mit Rücksicht auf die Einordnung des Menschen in die ihn umgebende Welt gerade nicht so verstanden werden darf, daß wir als Menschen, als geistige Wesen gewissermaßen herausgenommen und jedenfalls exklusiv der gesamten übrigen Welt gegenüberstehen, sondern umgekehrt: daß in uns Menschen nur aufscheint, was allenthalben an ›Geist‹ in der Welt objektiv realisiert ist; mit anderen Worten: sind die Menschen unsterblich, warum dann nicht auch die Tiere? ... Wir brauchen zumindest als regulative Idee unserer praktischen Vernunft den Glauben an die Unsterblichkeit der Tiere, um eine Ethik zu begründen, die auf unsere Mitgeschöpfe die geschuldete Rücksicht nimmt.«

Weil Drewermanns mythische Theologie keinen Grund im Sozialen hat, sollen vorgestellte Bilder, Suggestion und Imagination hergeben, was als soziale Ethik verworfen wurde. So bleibt sein theologisches Denken im Reich der reinen Phantasie. Seine regulative Idee der Unsterblichkeit hat sich, wie er selber sagt, »an der Bibel vorbei entwikkelt«[186].

Jesus Christus: tragischer Held statt Erlöser von den Sünden?

Auf den ersten Blick tut diese Überschrift Drewermann unrecht. Denn er behauptet durchaus, daß Jesus befreiend gewirkt hat, »einen wirklich neuen Schritt für alle Zeiten gültig in die Religionsgeschichte gesetzt hat«. Er habe »den Glauben an die Auferstehung in einer personal so dichten Weise gelebt, daß sich damit alles änderte ... Er hat eine Individuation außerhalb der Angst vor dem Tode in einem solchen Vertrauen und in einer solchen Güte ermöglicht, daß der Himmel den Menschen nahe kommt. Ich glaube, daß das Problem der Angst, die es kostet, ein Individuum zu werden, in dieser Form von keiner anderen Religion gestellt wird ... Das Christentum geht durch ein Nadelöhr, das sich sozial eigentlich kaum noch vermitteln läßt. Es ist eine ganz und gar persönliche Entscheidung.«[187]

Auf diese zentrale, persönliche Entscheidung, die Angst vor dem Tod zu überwinden, will Drewermann mit seiner Theologie hinaus: »Sobald Menschen aufhören, den Tod zu fürchten, hören sie auf, Menschen zu fürchten, und von dem Moment an sind sie frei. Das hat Jesus wirklich getan.«[188]

Die Behauptung, daß es sich bei dieser Tat Jesu um etwas Neues handelt, steht im Widerspruch zur Theorie vom kollektiven Unbewußten, welche die Allpräsenz der religiösen Bilder unterstellt und die für Drewermann so weit geht, daß in einem halbstündigen Gespräch mit »x-beliebigen Menschen Strukturen, Bilder, Beispiele, Träume, Szenarien«[189] entstehen, die aus der Bibel bekannt sind. Was aber bringt dann Jesus Neues, wenn er unter der relativ dünnen Kruste psychischer Verdrängungen durch Drewermann schon nach halbstündiger therapeutischer Erinnerungsarbeit hervorgezaubert werden kann? Die behauptete psychologische Nähe aller Menschen zur Bibel läßt für die menschliche Distanz zu einer verheißenen, noch unbekannten Zukunft keinen Platz. Eine solche geschichtliche Hoffnung beinhaltet aber Jesu Botschaft vom Reich Gottes. Von seinen geschichtlichen Hoffnungen entschlackt, serviert Drewermann seiner Klientel ein Christentum, in dem es nur noch um die persönliche Entscheidung geht, die Angst zu überwinden. Jedem psychologisch durchschnittlich Gebildeten dürfte daran aufstoßen, daß es seelisch nicht möglich ist, Ängste durch Willensentscheidung zu überwinden. Drewermann suggeriert seinem Publikum einen seelischen Heroismus, der dazu angetan ist, die wirklichen Ängste durch religiöse Bilder zu verdrängen.

Unter dem Titel »Wage dein Leben« veranstaltete Drewermann im Frühjahr 1993 eine Vortragstournee durch Deutschland. Das »Wagnis des Lebens« ist die popularisierte Zentralbotschaft seiner Theologie. Wir gehen ihrer exegetischen Begründung nach. In seiner Auslegung der neutestamentlichen Erzählung vom Wandel Jesu auf dem See (Matth. 14,22-33; Mark. 6,45-52; Joh. 6,16-21) arbeitet Drewermann sein zentrales Anliegen plastisch heraus.

In »symbolisch-vorbildlicher Weise beschreibt die Geschichte vom Seewandel Jesu«, daß der Mensch sich vor den äußeren und inneren Abgründen des Lebens, denen der Welt und denen des Herzens nicht sichern und schützen soll, sondern daß wir uns aus dem Gefühl der Liebe dem Unendlichen öffnen und uns »aus der Ewigkeit tragen lassen durch den Strom der Zeit ... Das ganze irdische Leben gleicht in seiner Todverfallenheit einem sturmgepeitschten Meer, das über kurz oder lang jedes Schiff mit sich in den Abgrund reißen wird ... Es geht darum, daß wir die Angst vor dem Tode ganz wörtlich ›übergehen‹ und – bildlich ausgedrückt – über die ›Wasser‹ des Todes hinwegschreiten ... Das wahre Wunder unseres Lebens ist das einer Begrenzung, die trägt, über die Endlichkeit hinweg in das Unendliche. In dem Moment, da Jesus in das Boot kommt, legt sich der Wind, und es ist keine Grenze mehr zwischen Diesseits und Jenseits, zwischen dem Leben der Zeit und dem Leben der Ewigkeit. Es gibt nur eine Form wirklich zu sein: in der Wahrheit und in der Liebe... Und wir Menschen sind berufen, ewig zu sein. Nur in diesem Vertrauen hört die Welt auf, ein riesiger verschlingender Mund zu sein; nur in diesem Glauben verliert das Meer des Lebens seinen Schrecken; nur in dieser Zuversicht gewinnt unser Leben Ausdauer, Halt und Ausrichtung.«[190]

Diese Auslegung macht deutlich: Für Drewermann haben biblische Erzählungen nur symbolisch-individualpsychologischen Sinn. So eine Engführung ist jedoch theologisch unhaltbar. Geradezu waghalsig ist seine seinsphilosophische Begründung dafür, »daß die symbolische Wirklichkeit die einzig wirkliche Wirklichkeit ist«.[191] Eine einzig wirkliche Wirklichkeit ist philosophischer Unsinn, Tautologie und suggestive Rhetorik. Mit diesem imposanten Wortspiel schwingt sich der Textausleger in Gefilde jenseits des geschichtlich Konkreten. Er enthebt sich damit der Mühe, den Text in seinen geschichtlichen Bezügen zu würdigen. Das Jüdisch-Geschichtliche, das die Erzählung vom Wandel Jesu auf dem See erhält, löst Drewermann in allgemeine psychologische und poetische Symbole auf, wenn er es nicht ignoriert.

Drewermann geht mit keinem Wort darauf ein, daß Jesus seine Jünger »zwingt«, eine Bootsfahrt ans jenseitige Ufer zu machen. Drewermann lenkt den Blick auf das Verhältnis Jesu zu den Volksmassen, die hier eine beiläufige Rolle spielen, und suggeriert, daß sie weggeschickt werden müssen. Das Bild der Ablenkung vom innerlich Entscheidenden durch die Massen ist ein eingängiges Vorurteil: seelische Innerlichkeit hier – soziale Äußerlichkeit dort. Damit sind die Schneisen für eine rein individualpsychologische Deutung des Textes methodisch gewaltsam geschlagen: Jesus zieht sich mit den Jüngern auf den See des kollektiven Unbewußten zurück, damit sie mit ihm im Sturm das Wunder des Lebens erfahren. Das kann nur abseits der großen Gesellschaft geschehen, die lediglich zweideutige Sicherheiten zu bieten vermag.

Die Erzählung vom Wandel Jesu auf dem See enthält eine Menge biblischer Bezüge und Verweise aus dem Kontext des jüdischen Glaubens. Ohne ihnen nachzugehen, wird die Erzählung überhaupt nicht verstehbar. Das gilt zunächst für die »Bilder«, die in ihr vorkommen. Finsternis und wogendes Meer erinnern an viele Stellen des Alten Testamentes (Ps. 46; Jes. 60,1-5), die mit diesen Metaphern immer wieder die Lage des kleinen Israel in der es bedrohenden, übermächtigen, heidnischen Völkerwelt charakterisieren. Wo die Erkenntnis und Lebenspraxis der menschlichen Gerechtigkeit des Gottes Israels fehlen, da herrschen Blindheit, wie in der Finsternis, und Tod, wie im tobenden Meer. Das kann auch Israel selbst betreffen. Wiederholt erzählt das Alte Testament Begebenheiten, wo Gott eingreift, um Israel wieder an seiner Weisung auszurichten. Propheten wie Mose und Elia, aber auch der erwartete Messias, sind dazu gesandt. Das Neue Testament stellt das Wirken Jesu in die Reihe dieser Propheten, die Israel retteten, indem sie es wieder am Willen Gottes ausrichteten. Jesus ist gesandt zu den »verlorenen Schafen des Hauses Israel« (Matth. 15,25), und er kommt am Ende dieser ungerechten Weltzeit zu seinen Jüngern (Apg. 11,1). Dasselbe gilt auch für die Erzählung vom Seewandel. Jesus geht wie Mose allein auf den Berg (2. Mos. 19,3; Matth. 15,23), und er kommt wie der erwartete Messias kurz vor Anbruch des neuen Tages in der letzten, der vierten Nachtwache (Matth. 15,25). Die Vision des neuen Tages ist ebenfalls jüdisch-biblisch und meint den Anbruch einer geschichtlichen Epoche, in der Gerechtigkeit und Friede herrschen. An das rettende Vorübergehen des Gottes Israel, um die Ägypter zu schlagen, erinnert, daß Jesus an seinen Jüngern vorübergehen will (2. Mos. 12,13; Mark. 6,48). Auch Jesu Ansprache an seine Jünger: »Fürchtet euch nicht!« ruft die Ansprache Mose an das Volk Israel wach, nachdem er die zehn Gebote erhalten hatte (2. Mos. 20,20; Matth. 25,29).

Die Geschichte vom Seewandel Jesu ist also voll von Bezügen auf die Befreiungs- und Hoffnungsgeschichte Israels, die für den, der als Glaubender und Hoffender in ihr lebt, wenn er sie hört, wachgerufen werden. Diese Bezüge bestimmen auch das Verhältnis Jesu zu seinen Jüngern, um das es in dieser Erzählung geht. Jesus klärt seine Jünger darüber auf, daß sie in die Leidens- und Hoffnungsgeschichte Israels eintreten, wenn sie seine Sendboten unter den Völkern werden. Deshalb sagt er: »Fürchtet euch nicht!« Denn als gläubige Juden verlassen sie Israel nicht ohne Not und Zwang.

Deshalb ist es unsinnig, biblische Geschichten aus ihrem Kontext herauszulösen und »frei« zu interpretieren. Sie werden dann verfälscht, ihrer eigenen Intention entfremdet und willkürlich für andere Bedürfnisse vermarktet. So aber macht es Drewermann, indem er das spezifisch Jüdische abstreift. Übrig bleibt die schaurig-schöne Erfahrung von der Überwindung der Todesangst, die, wer will, überall machen kann, nach Drewermann auch bei Rainer Maria Rilke: »Das Schöne ist nichts als des Schrecklichen Anfang, den wir noch gerade ertragen, und wir bewundern es so, weil es gelassen verschmäht, uns zu zerstören.«[192] Drewermanns Interpretation absorbiert alles Geschichtliche mit der Vorstellung, daß der Mensch allein über den Tiefen seines inneren Meeres, am Beispiel Jesu Mut fassend, die »Angst vor dem Tode übergeht«. Nur im Vertrauen darauf, ewig, unsterblich zu sein, könne es der Einzelne schaffen, »über die Endlichkeit hinweg sich in das Unendliche zu schwingen«.

Diese Vorstellung von Erlösung hat, von manchen Worten abgesehen, mit dem christlichen Glauben nichts Gemeinsames. In der Bibel bezieht sich die Hoffnung auf Erlösung auf das geschichtliche Bundesverhältnis zwischen dem Gott Israels und seinem Volk. Es geht um eine soziale Bezugsgröße, die verläßlich und vertrauensstiftend ist. Nur im lebensgeschichtlichen Bezug auf sie ist die Vision von der Überwindung des Todes tragfähig, die Hoffnung auf geschichtliche Lebensverhältnisse der Menschen, die nicht vom Terror des Todes, sondern von Gottes Gerechtigkeit beherrscht sind. Dieser konkrete Bezug auf die jüdische Geschichte ist für den christlichen Erlösungsglauben konstitutiv. Anders bei Drewermann, der für die Begründung des Glaubens einen übergeschichtlichen Bezugspunkt für notwendig hält. »Dieser Glaube ist nicht zu rechtfertigen, solange nicht von der Absolutheit einer Person jenseits der Natur ausgegangen wird.«[193]

Biblisch gibt es Teilhabe an Gott jedoch nur in geschichtlich-sozialen Bezügen. Es geht nicht darum, einen Gott außerhalb der menschlichen Geschichte und jenseits der geschöpflichen Grenzen zu suchen, um dann gegen diese Grenzen heroisch wie Sisyphos, einsam und vergeblich, eine illusionäre Unsterblichkeit zu behaupten. Hier wird deutlich, daß Drewermanns Theologie nicht Erlösung predigt, sondern den Geist der Tragik atmet, weil er den Glauben als einen heroischen inneren Kraftakt beschreibt.

»Das Christentum ... sollte um der Erlösung des Menschen willen an-
erkennen, daß es Schicksalsfügungen und Schicksalsschläge gibt, an
denen Menschen unausweichlich scheitern müssen. Statt Gott von dieser Form des Tragischen im Innersten der Schöpfung reinzuwaschen,
sollte es vielmehr seine so praktischen Einteilungen in Gut und Böse,
Frei und Unfrei, Schuld und Reue gänzlich über Bord werfen und zu einer unmittelbaren Ehrfurcht vor dem menschlichen Leid zurückfüh-
ren.«[194]

Auch hier redet Drewermann suggestiv. Denn die Verallgemeinerung
vom individuellen Scheitern auf das Tragische in der Schöpfung ist alles
andere als zwingend. Vielmehr beinhaltet die Rede vom Tragischen immer eine Interpretation von erfahrenem Leid als unausweichlichem
Schicksal. Die Hineinnahme des Schicksalsgedankens in die Schöpfung
legt aber die Axt an die Wurzel der biblischen Hoffnung: »Und kein
Leid noch Geschrei, noch Schmerz wird mehr sein. Denn das Erste ist
vergangen.« (Off. 21,4; Jes. 35,10) Gemeint ist hier die vollständige Befreiung von tödlichem Leid. Alles, was durch der Menschen Sünde das
kreatürliche Leben so ehrfurchtslos quält und schändet, wird mit der
unerlösten Welt (= das Erste) in der Neuschöpfung der erlösten Welt
vergehen. Indem Drewermann das tragische Bewußtsein in die christliche Theologie einführen will, verwischt er das mit Erlösung Gemeinte.

Die Hineinnahme des Tragischen in die Lehre von der Schöpfung läuft
in gedanklicher Konsequenz nicht auf die Befreiung vom Leid, sondern
auf seine Verewigung hinaus. Die kirchliche Lehre kennt deshalb die
Ehrfurcht vor dem Leben und die Solidarität mit den Leidenden, aber
nicht die Ehrfurcht vor dem Leid.

Drewermanns Öffnung für das tragische Denken steht vordergründig
im Widerspruch zu seinem gepredigten Mitleid für Tiere und unter-
drückte Menschen. Denn in Konsequenz läuft der Gedanke der Ehrfurcht vor dem Leid auf ein Sichabfinden mit dem als unabänderlich interpretierten Leid hinaus. Ehrfurcht vor dem Leid ist Entsolidarisierung
vom leidenden Geschöpf. Darin liegt die innere Brisanz des Drewermannschen Denken, daß in seiner Theologie tief unter seinen Solidari-
tätsbekundungen, mit dem tragischen Gedanken, eine Mitleidlosigkeit
schlummert. Unsterblichkeitsglaube und tragisches Denken laufen auf
die Immunisierung des Menschen gegen seine Kreatürlichkeit hinaus,

gegen seine zeitlichen Grenzen als Geschöpf und gegen seine geschichtlichen Grenzen, das Leiden in einer ungerechten Welt. Drewermann re-
belliert mit seiner Theologie gegen diese Grenzen, er will sie nicht wahr-
haben, sondern im Glauben – wie sein Jesus auf dem See – übergehen.

Die Idee vom Übergang ins Unendliche wirkt aber nur dann einigermaßen stimmig, wenn die Lebenswirklichkeit der Menschen so be-
schrieben wird, daß ein Übergang dorthin als befreiend erscheint. Das
mythische Material der Religionen dient Drewermann in diesem Zusammenhang dazu, den Zustand der Menschheit als einen ewigen, tragischen Kreislauf von Sein und Werden, Leben und Tod zu beschreiben.

Die Mythen drücken die Verlorenheit des Menschen in den Weiten des
Alls aus, die Einsamkeit und Unwesentlichkeit des Individuums in diesem ewigen gleich grausamen, kalten Kreislauf der Natur. Diesem un-
menschlichen Weltgrund hält Drewermann schließlich das Symbol –
nicht die Wirklichkeit – des: »Ich liebe dich; du bist angenommen; du
bist ewig« entgegen. Christus ist »Symbol eines Gottes mit Menschenantlitz«, er steht für die »Absolutheit der Person jenseits der Natur.«[195]
Glauben heißt bei Drewermann nicht, sich auf eine geschichtliche und
hoffnungsgeladene Wirklichkeit einlassen, sondern für wirklich halten,
was das Symbol bezeichnet. Der Glaubensakt, den Drewermann seinen Anhängern zumutet, ist psychologisch gesehen die An-
strengung eines vereinsamten Heroen und der Sache nach paradoxal.

Der einsame Heroismus des Drewermannschen Glaubens ist vorgebildet in seiner Lehre über das Verhältnis von Christus zu Gott. In Drewermanns Denken ist, wie wir sahen (Abschnitt 1), der Gegensatz zwischen
dem Anspruch unserer Menschlichkeit und der Kälte der kosmischen
Einsamkeit bestimmend. Der Glaube an die absolute, unsterbliche Person, wie er für Drewermann in Christus symbolisiert ist, und die Erfahrung der »absoluten Macht« in der Natur, die sich im Vatergott aus-
drückt, sind nicht nur gegensätzliche menschliche Erfahrungen, sondern gleichzeitig absolute Gegensätze in Gott, »unvereinbar und doch
eins«.

Christlicher Glaube würde demnach bedeuten, »daß es uns erst durch
Christus möglich ist, den Schöpfer der Welt, der in unzugänglichem
Lichte wohnt, als die Person des Vaters zu erkennen, und zwar gerade

im Gegensatz, im unfaßlichen Unterschied zu dem Gott, der in Christus Menschenantlitz trägt«[196]. Christus wäre danach der Sohn im unfaßbaren Gegensatz zum Vater und nicht – wie weithin in der christlichen Theologie aufgrund seines Gehorsams in der Liebe und seiner Gleichartigkeit mit dem ewig Barmherzigen.

In seiner Gotteslehre wie in seiner Glaubenslehre fordert Drewermann die Anerkennung von etwas, wofür es keinen Erkenntnisgrund gibt. Die Unterwerfung unter diese Absurdität ist für ihn die tiefere Form des Glaubens. Eine Theologie aber, die ein absurdes Paradox in ihre Mitte stellt, ist in sich selber absurd und entzieht sich von vornherein einer sinnvollen Diskussion.

Durch die Hineinnahme des tragischen Denkens in die Lehre von der Schöpfung, des Heroismus in die von der Erlösung und des Absurden in die Gotteslehre bekommt in Drewermanns Theologie Gott die Züge des Mitleidlosen, Christus die eines Heroen und der Mensch etwas unheilbar Einsames.

Die menschliche Einsamkeit resultiert zunächst aus der individualpsychologischen Engführung in Drewermanns Denken. Aber nicht nur das Soziale ist für Drewermann unwesentlich, auch in der Gottesbeziehung läßt er seinen Leser allein. Von Gott redet er nur als von einer Vorstellung, über deren Wirklichkeitsgehalt er keine Aussagen macht. Er redet von der therapeutischen Notwendigkeit der Liebe, stellt sich aber nicht ihrer geschichtlichen Wirklichkeit, von der das biblische Zeugnis spricht. Deshalb liest sich Drewermanns Theologie, die in den Mythen der Völker, den Bildern des kollektiven Unbewußten, nach Wegen zur Erlösung sucht, wie der Ruf eines Einsamen, der sich Erlösung von seiner Angst wünscht, sie aber nicht findet.

Wahrscheinlich liegt darin die Attraktion von Drewermanns Botschaft, daß sich in dieser Vergeblichkeit weite Kreise eines materiell saturierten, aber seelisch vereinsamten Mittelstandspublikums wiederfinden. Aus der Sicht reformatorischer Theologie handelt es sich bei solcherart Suche um einen Versuch der Selbsterlösung, der nicht gelingen kann. Aus dem Kreislauf um sich selbst wird der Mensch nur befreit durch den Einbruch einer anderen Wirklichkeit. Drewermann hingegen verbleibt in den Spuren des Poeten Gottfried Benn: »Es gibt nur den Einsamen und seine Bilder, seit kein Manitu mehr zum Clan gehört.«[197]

Der Unsterblichkeitsglaube, das tragische Bewußtsein und der einsame Heroismus in Drewermanns Theologie erklären, was manche Kritiker festgestellt haben: In seiner Theologie fehlt der gekreuzigte Christus.[198] Drewermann leugnet kategorisch, daß Jesus in seiner Lebenshingabe Erlösung für die vielen (Mark. 10.43-45) bewirkt habe.[199] Er legt Jesu Passion als ein äußerste Konflikte nicht scheuendes Verhalten aus, zu welchem prinzipiell jeder Mensch in der Lage ist. Jesus ist für ihn psychologisches und therapeutisches Vorbild, ohne Verzweiflung »den Tod zu akzeptieren, um für das Leben Zeugnis zu geben«. Für Drewermann handelt es sich bei der Passion Jesu um den »Archetyp von der gewaltsamen Tötung des göttlichen Heldes[200], den es ebenso in der ägyptischen (Osiris), in der indianischen (Milomaki) Kultur und anderswo gibt. Ein weiteres Beispiel für Drewermanns oberflächliche Religionsvergleiche, die rein assoziativ und ohne methodisches Fundament nicht mehr als ein selektiver Mythenmix sind.

Außerdem spricht er von einer Verklärung des Opfers im Bild der Himmelfahrt, »welche lediglich das Gefühl tödlicher Schuld aus dem Herzen der Menschen zu nehmen vermag«, und davon, daß die Schuld erträglich gemacht wird, weil die Musik des Lebens den Tod überspielt: »Ästhetisch bleibt das Leben siegreich.« So bleibt in seiner Vorstellung von Erlösung ein »verborgener Heroismus«, weil der »Schuldanteil des Tragischen nicht getilgt, wohl aber versöhnt und aufgehoben wird«[201]. Daß Gott so viel Gnade erweist, daß wir nicht in Sünde fallen müssen, hält Drewermann für lebensfremde Schultheologie, die angesichts der furchtbaren Realität des Tragischen als in sich widersprüchlich erscheine.[202]

Nirgendwo setzt sich Drewermann mit der für das Neue Testament schlechthin entscheidenden Aussage theologisch auseinander, daß Jesus »für viele« oder »für uns gestorben« ist, daß er die Sünden real hinweggenommen hat. Es handelt sich hierbei nicht darum, den Zorn eines finsteren Gottes durch ein blutiges Opfer zu besänftigen, wie Drewermann, wider besseres Wissen, muß man schon sagen, immer wieder unterstellt.[203] Das »für uns gestorben« drückt die Lebenshingabe des gerechten Menschen Jesus, der ohne Sünde war (Hebr. 4,15; 7,26), für die der Ungerechtigkeit und Sünde verfallenen Menschen aus.

In dem »für uns« steckt also etwas menschlich und geschichtlich Reales: Das, worauf Israel schon immer gehofft hatte, ist geschichtliche Wirklichkeit geworden, der Mensch nach dem Willen Gottes und mit ihm der Anbruch des Weltzeitalters der Sündlosigkeit und Gerechtigkeit (Hebr. 9,26-28). In Jesu Passion handelt es sich um eine in menschlichem Leiden geschichtlich bewährte jüdische Hoffnung. Es geht bei Jesu Lebenshingabe also nicht um eine psychologisch erschließbare Lebensmöglichkeit für jeden einzelnen Menschen. Sondern es handelt sich um die Erschließung einer geschichtlichen Wirklichkeit: die durch die Lebenshingabe Jesu begründete und in der Hoffnung auf Befreiung von Ungerechtigkeit, Sünde und Todesschrecken zusammenlebende Menschengemeinschaft aus Juden und Heiden. Das ist im biblischen Sinn die Kirche (Eph. 2,11-22).

Erlösung hat im christlichen Glauben immer auch mit diesem praktischen Schritt zu tun: den eigenen Lebenshorizont verändern und sich der messianischen Liebes- und Hoffnungsgemeinschaft für weltweite Gerechtigkeit anschließen. Daß die real existierende Kirche mit dieser biblisch bezeugten Gemeinschaft nicht identisch ist, ist unbestritten. Deshalb ist gerade für Christen Kirchenkritik immer aktuell, aber eine grundsätzlich andere als Drewermann sie übt. Der Weg der Kirche in ihrer Geschichte war oft Irrtum, Verfehlung, Sünde, und ist es auch heute. Erst nach dem Zweiten Weltkrieg hat eine kleine interkonfessionelle Minderheit begonnen, das kirchliche Verhältnis zum Judentum einer radikalen Kritik zu unterziehen und Schritte der Veränderung einzuleiten. Die Bedeutung des jüdisch-christlichen Dialoges für die Kirche besteht darin, daß sie in ihm den jüdischen Charakter ihres Glaubens, die sozialpolitische Intention des Liebesgebotes und die Geschichtlichkeit ihrer Hoffnung zurückgewinnt. Das ist nach 2000 Jahren kirchlicher Judenfeindschaft und Spiritualisierung der biblischen Hoffnungsbotschaft wirklich ein neuer Anfang. Von hier aus gesehen betritt Drewermanns Theologie notorisch alte, ausgetretene und gefährliche Pfade. Sein Mythenmix hat nichts mit kirchlicher Erneuerung zu tun. Seine Theologie ist esoterische Menschenfischerei auf dem Grund vager religiöser und seelischer Bedürfnisse eines der Kirche innerlich entfremdeten und mit ihr hadernden Publikums.

Das Gespräch zwischen den Religionen:
Gleichmacherei statt Dialog

Drewermann ist an der Verständigung zwischen den Religionen interessiert. Veranstaltungen sowie Veröffentlichungen lassen sein Motiv erkennen: das Gemeinsame suchen. Überblicken wir seine Publikationen, dann fällt die positive Hinwendung zu den asiatischen Religionen (Buddhismus, Hinduismus) und zu den antiken bzw. archaischen Religionen (Ägypten, China, indianische Mythen) ins Auge. Die der Kirche am nächsten stehenden Glaubensgemeinschaften schneiden denkbar schlecht ab. Gegenüber dem Judentum, der Wurzel der Kirche, und, wie wir sahen, gegenüber dem Alten Testament überwiegen eindeutig negative, ausgrenzende Bewertungen. Aus dem Islam, der im Koran immerhin biblische Traditionen aufnimmt, kommen allenfalls Mystiker, nie aber der Koran selber zu Wort.

Daran ist interessant, daß Drewermann mit dem Judentum und mit dem Islam jene beiden Glaubensgemeinschaften aus seiner Auslegung der christlichen Botschaft geradezu ausgrenzt, denen es weniger um religiöse Ideen und Bilder als vielmehr entscheidend um ethische Weisungen geht. Außerdem gehen das Judentum, die Kirche und der Islam, wenn auch in verschiedenem Maße, auf dieselben schriftlichen Überlieferungen zurück. Im Unterschied zu allen anderen Religionen kennen das Alte und das Neue Testament und auch der Koran den Dekalog, Moses, David, die Propheten, den Messias u.v.a.m. Diese schriftlich überlieferten Gemeinsamkeiten, die Judentum, Kirche und Islam zweifellos in ein besonderes Verwandtschaftsverhältnis setzen, fallen bei Drewermann unter den Tisch. In seiner Theologie dominiert im Blick auf den Menschen nicht nur das geträumte Bild vor dem gesprochenen Wort, sondern im Blick auf die Interpretation von Glaubensgeschichte auch Spekulation und Assoziation vor der wörtlichen Übereinstimmung schriftlicher Überlieferungen.

Dementsprechend leben viele seiner Schriften geradezu von den assoziativen Gleichsetzungen christlicher Glaubensinhalte mit den Inhalten mythischer Religionen, welcher Herkunft auch immer. So wird Jesus bzw. seine Botschaft vom Reiche Gottes identifiziert mit dem chinesischen Tao[204], mit dem Weg des Buddha[205], mit der Zentralaussage eines indianischen Mythos[206] oder mit dem hinduistischen Gott Shiva[207]. Das alles mutet wie religiöse Gleichmacherei an, denn konkrete Verschiedenheiten kommen bei der theologischen Beurteilung von seiten Drewermanns niemals in Betracht. Für ihn ist es »fast gleichgültig, welch einer Religionsform jemand äußerlich zugehört, wenn er denn sie nur lebt«[208]. Alle Religionen werden verwertet unter der Prämisse einer identischen Zentralaussage. Die Frage, ob es sich bei so verschiedenen Glaubensformen, Religionen und Kulturen letztlich immer nur um eine identische Wahrheit, ja immer um ein und denselben Gott handeln kann, taucht nicht auf. Für Drewermann hingegen steht fest: »Alle Religionen sind als kulturgeschichtlich bedingte Variationen eines archetypischen Materials zu betrachten, das in jedem Menschen lebendig ist und leben möchte.«[209]

Wenn der christliche Glaube mit den traditionell sogenannten heidnischen Religionen in Ursprung und Mitte identisch ist, wo bleibt dann noch ein relevanter Unterschied, einer der nicht von vornherein nebensächlich ist?

Für Drewermann keiner, denn »keine Religion und keine Instanz kann die absolute Wahrheit für sich in Anspruch nehmen. Auch die katholische Kirche besitzt die Wahrheit nur im Fragment, auch sie ist immer nur erst auf dem Weg zur vollen Wahrheit.«[210] Damit schwimmt Drewermann im Strom moderner Massenreligiösität, derzufolge alle Religionen letztlich an denselben Gott glauben und die Unterschiede zwischen ihnen nur unwesentliche Äußerlichkeiten betreffen. Der blinde Fleck dieser Sicht liegt darin, daß die Frage nach möglichen wesenhaften Unterschieden mit dem Hinweis auf einen problematischen Absolutheitsanspruch totgeschlagen wird. Beides hat aber der Sache nach nichts miteinander zu tun. Dennoch kann für Drewermann die katholische Kirche »dank der Lehre Jesu eine besondere Annäherung an die Wahrheit« beanspruchen. Diese liege in der Betonung der Personalität, der absoluten Bedeutung der Individualität. Diese Einsicht habe die Kirche als Vermächtnis in das interreligiöse Gespräch mit einzubringen. Andererseits könne das Christentum von den mythischen Religionen lernen, die eigenen Glaubenssymbole »zur Begründung eines religiösen Verhältnisses zur umgebenden Natur zu nutzen«[211]. Daß die Kirche von ihrer Wurzel, vom Judentum, lernen könne, scheint Drewermann keine

Möglichkeit zu sein. Der jüdisch-christliche Dialog kommt in seiner Theologie nicht vor. Statt dessen verfällt er, wie wir sahen, immer wieder in traditionelle, antijudaistische Auslegungsmuster.

Abgesehen davon liegt das Problematische seiner Position darin, daß der Andersgläubige in seiner Andersartigkeit letztlich doch nicht ernstgenommen werden kann. Denn die These von demselben Grund aller Religionen unterstellt, daß es Wesensfremdheit zwischen Religionen nicht gibt, sondern immer nur Wesensidentität. Daß der andere mir etwas Neues, ganz anderes mitzuteilen haben könnte − eine solche Erwartung kann da nicht aufkommen. Der Sache nach wird ein Dialog von solchen Voraussetzungen her leicht banal bis überflüssig.

Das biblische Zeugnis vom Gott Israels nimmt Drewermann nicht ernst. Denn in der Bibel ist Gott nicht eine allgemeine Wesenheit hinter den Dingen der Welt, nicht allgemeiner Urgrund des Seins (Weltgrund = Gott), sondern eine besondere personale Wirklichkeit (Name Gottes), die sich in der Weltgeschichte frei kundtut (Bundesgeschichte: Gott mit Israel, Immanuel; christliche Lehre von der Menschwerdung Gottes in Jesus Christus). Gott ist biblisch kein Gattungsbegriff, der den besonderen Namenswirklichkeiten in der Geschichte übergeordnet ist. Sondern weil Gott selber Namenswirklichkeit ist, setzt er sich zu geschichtlichen Menschenpersonen menschlich in Beziehung. In der Bibel geht es im Namen Gottes um die geschichtlich zu lebende, persönliche Freiheit der Menschen von allen übergeordneten, religiösen, göttlichen, mythischen, tragischen Mächten und Wesenheiten. Die Bibel kennt keine Trennung von Glaube und Geboten, von Dogmatik und Ethik. Für Drewermann, den Prediger der Liebe, wird diese Trennung deshalb möglich, weil für ihn Liebe aufs ganze gesehen ein menschliches Herzensgefühl bleibt, aber nicht Aufruf, Forderung, Einweisung und Einsatz für soziale und politische Gerechtigkeit, für individuell gelebte und gesellschaftlich gestaltete Mitmenschlichkeit ist.

»Und das ist sein Gebot, daß wir an den Namen seines Sohnes Jesus Christus glauben und einander lieben, wie er uns geboten hat. Und wer seine Gebote hält, der bleibt in ihm und er in ihm« (1., Joh. 3,23f).

Von diesen Voraussetzungen her, der Andersartigkeit des Anderen, der Besonderheit des biblischen Gottes und der Bedeutung des Ethischen, ließe sich ein differenziertes Verhältnis zwischen den Religionen und

Weltanschauungen skizzieren. Zunächst ergibt sich daraus die besondere Nähe zwischen christlichem und jüdischem Glauben. In der Gemeinsamkeit des Alten Testamentes ist sie für jeden sichtbar. Im Neuen Testament ist die Gemeinde Jesu Christi ein unnatürlicher Zweig, der dem saftreichen Ölbaum Gottes, Israel, aus reiner Gnade eingepfropft worden ist (Röm. 11,17-24). Synagoge und Kirche glauben an denselben Gott, den Gott Israels, der für Christen der Vater Jesu Christi ist. Weil das Judentum der bleibenden Mutterboden für die Kirche ist, kann es eine auch nur vergleichbare Nähe zu den Religionen der Völker und ihre Weltanschauungen nicht geben. Das gilt insbesondere für die mythischen, wo Gott und Natur gleichgesetzt werden. Weniger für den Islam, weil er im Koran viele umgeformte biblische Erzählfragmente mitüberliefert.

Wir haben gesehen, daß für Drewermann praktisch das Umgekehrte gilt, weil er die Bilder aus den Mythen mit der biblischen Wahrheit identifiziert. Von Unterschieden redet er kaum, abgesehen von den erwähnten. Im interreligiösen Gespräch wird es mal größere Nähe, ein andermal größere Ferne, ja auch Wesensfremdheit geben. Gerade letzteres ist bei Drewermann von vornherein ausgeschlossen. Nach der These vom kollektiven Unbewußten der Menschheit trinken alle Menschen aus einem Quell: die Juden mit den Christen . . . mit den Nationalsozialisten? Letztlich hätten auch sie noch teil an derselben Wahrheit. Das ist jedoch absurd. Angemessener ist es, mit der Existenz von Unwahrheit und Lüge in der Menschheitsgeschichte und auch in der Religionsgeschichte zu rechnen. So wird es im interreligiösen Dialog nicht nur um die Wahrheiten der Religionen, sondern auch um ihre Illusionen und Unwahrheiten gehen.

Die Fremdheit in der Lehre kann für die Kirche aber nicht Maßstab für das kulturelle und menschliche Miteinander abgeben. Maßstab bleibt für Christen hierin die im Gebot der Nächsten-und Fremdenliebe gipfelnde Thora. Im Zusammenleben mit anderen Völkern und Religionen sollte die Kirche deshalb den sozialen Gerechtigkeitswillen des Gegenübers annehmen oder anstoßen. Das käme z.B. im Verhältnis zu den Muslimen zum Tragen, denn im Koran ist der Wille einer gerechten Gestaltung des sozialen Miteinanders spürbar. Anders als z.B. im Buddhismus, dessen Ethik primär nicht eine der Weltgestaltung ist, sondern eine der Weltflucht, der Absonderung von den Affekten des Sozialen, um ins Nirwana einzutauchen.

Schon die Bibel kennt das Miteinander fremder Völker mit Israel aufgrund der dem Noah gegebenen Gebote. Vergleichbar, aber doch anders als die heutigen internationalen Menschenrechte, beschreiben sie das soziale Minimum für ein humanes Miteinander. Die noachidischen Gebote sind das Gebot der Rechtspflege, das Verbot von Gotteslästerung, das Verbot des Götzendienstes, das Verbot der Blutschande, das Verbot des Blutvergießens, das Verbot des Raubens, das Verbot des Fleischgenusses von einem lebenden Tier.

Es gab immer Religionen, die Blut und Leben forderten. In ihnen sind Abgötterei und Inhumanität eine Einheit. Dagegen wendet sich das Alte Testament: »Du sollst nicht eines deiner Kinder hingeben, um es dem Moloch zu opfern, damit du nicht den Namen Gottes entweihest; ich bin der Herr ... So haltet nun meine Satzungen und Vorschriften und verübt keinen dieser Greuel, weder der Einheimische noch der Fremdling, der unter euch wohnt. Denn alle diese Greuel haben die Leute dieses Landes verübt, die vor euch waren, und dadurch ist das Land unrein geworden« (3. Mos. 18,21. 26f).

»Wenn ein Fremdling bei dir wohnt, so sollt ihr ihn nicht bedrücken. Wie ein Einheimischer aus eurer eigenen Mitte soll auch der Fremdling gelten, der bei euch wohnt, und du sollst ihn lieben wie dich selbst« (3. Mos. 19,34).

Soziale Gerechtigkeit ist von der Bibel her die Voraussetzung für den interreligiösen Dialog. Erst dann kann er zum friedlichen Streit für die Wahrheit werden.

Anmerkungen

1 *Neue Westfälische Zeitung* (Paderborn), 25.11.1988
2 *Tiefenpsychologie II*, S. 540
3 *Propheten*, S. 69
4 *Propheten*, S. 13
5 *Worum es eigentlich geht*, S. 288
6 *Video*
7 *Streit*, S. 13
8 *Video*
9 *Video*
10 *Worum es eigentlich geht*, S. 289
11 *Glaubensbekenntnis*, S. 9
12 *Von der Freiheit*, S. 13
13 ebd.
14 *Streit*, S. 13
15 *Propheten*, S. 27
16 *Worum es eigentlich geht*, S. 291
17 dokumentiert in *Streit*, S. 2 ff.
18 *14. Rundbrief* des Drewermann Solidaritätskreises, Paderborn 1992
19 *Video*
20 zitiert nach *Neue Westfälische* (Paderborn), 20.1.1992
21 *Propheten*, S. 29
22 Rahel Bürger, *Eugen Drewermann − 450 Jahre Reformation*, in: *Die andere Realität* (Gladbeck)
23 *Frankfurter Allgemeine Zeitung*, 13.4.1993
24 in: *Junge Kirche. Zeitschrift europäischer Christinnen und Christen* (Bremen), 8.9.1992, S.505
25 *Propheten*, S. 63
26 *Bloße Rationalität führt uns in die Wüste*. Eugen Drewermann im Gespräch mit Ekkehard Pohlmann, in: *Wort I*, S. 178
27 *Ewige Urbilder*, S. 123
28 *Tiefenpsychologie I*, S. 92
29 *Tiefenpsychologie I*, S. 71
30 *Tiefenpsychologie I*, S. 13
31 *Trinitätslehre*, S. 142
32 *Tiefenpsychologie I*, S. 484
33 Dieter Schellong, in: *Junge Kirche* (Bremen), 10/11 1991, S. 595
34 FORSA-Umfrage, zit. nach *Die Woche* (Hamburg), 24.2.1994
35 *Video*
36 *Wort I*
37 in: *TEMPO* 2/1993, S. 10
38 *BILD* (Hamburg), 17.9.1992, S. 14

39 Dalai Lama, Rede zur Eröffnung der Salzburger Festspiele, zit. nach: *Das Glück und das Leiden an Gott*, in: *Publik-Forum. Zeitung kritischer Christen* (Oberursel) 16/92, S.21

40 zit. *nach Publik-Forum* 16/92, S. 22

41 *Frankfurter Allgemeine Zeitung – Magazin*, 23.11.1990, S. 70

42 wie die Studie »Jugend und Religion« festgestellt hat

43 Dorothee Sölle, *Heilung und Befreiung*, in: *Klerikerstreit*, S. 29

44 Wieder leise von Gott reden. Eugen Drewermann im Gespräch mit Ludger Dabrock, *Neue Westfälische* (Paderborn), 25.11.1988, zit. nach *Wort II*, S. 191

45 *Markusevangelium II*, S. 293 f.

46 *Von der Freiheit*, S. 14

47 *Markusevangelium II*, S. 289 f.

48 *Kleriker*, S. 671

49 *Ewige Urbilder*, S. 124

50 Scharfenberg, S. 142

51 Kuno Füssel, in: *Publik-Forum* 8/90, S. 14-16

52 Neuhaus, S. 107

53 *Tiefenpsychologie I*, S. 153

54 *Tiefenpsychologie I*, S. 101

55 *Frankfurter Allgemeine Zeitung – Magazin,* 23.11.1990, S. 70

56 Sendung *Traumdeutung* aus der Reihe *Menschen-Kunde*, N3, 20.2.1994

57 *Tiefenpsychologie I*, S. 105

58 *Tiefenpsychologie I*, S. 102

59 *Wort II,* S. 156

60 *Tiefenpsychologie I,* S. 384 f.

61 Lohfink/Pesch, S. 35

62 *Klerikerstreit*, S. 331

63 *Glaubensbekenntnis*, S. 41

64 *ONE. Single Magazin* (Cuxhaven), 4/92

65 Günter Mack, in: *Die Zeit* (Hamburg), 18.3.1988

66 Bernd Marz in einem Werbeprospekt verschiedener Verlage von Drewermann-Büchern

67 *DIE ZEIT*, 21.2.1992

68 Glaubensfragen – Lebensfragen. Eugen Drewermann im Gespräch mit Jürgen Hoeren, Bayerischer Rundfunk, 17.4.1988, zit. nach *Wort I*, S. 195

69 *Markusevangelium II*, S. 149

70 *Frankfurter Allgemeine Zeitung*, 11.5.1993

71 *Kleriker*, S. 148

72 *Gespräche*, S. 16 f.

73 Barth, Sp., S. 249

74 Hartmut Raguse, *Der Glaube an den Gott der Liebe*, in: *Junge Kirche* 7/8/1994, S. 391 ff.

75 Peter Hunziker, *Medien, Kommunikation und Gesellschaft*, Darmstadt 1988, S. 72 ff.

76 *Kleriker*, S. 331

77 *die tageszeitung* (Berlin), 6.2.1993

78 Pottmeyer, S. 11 f.
79 Gaßmann/Lange, S. 104
80 Gaßmann/Lange, S. 96 f.
81 in: *idea spektrum*. Nachrichten und Meinungen aus der evangelischen Welt (Wetzlar), 16/92
82 in: *Lutherische Stunde* (Bremen), 1.6.1992
83 Neil Postman, *Wir amüsieren uns zu Tode. Urteilsbildung im Zeitalter der Unterhaltungsindustrie*, Frankfurt/Main 1985, S. 151
84 Hanna Arendt, zit. nach Postman, a.a.O., S. 152
85 *Der SPIEGEL* (Hamburg), 51/93
86 *Reformation*, S. 8
87 Zander, S. 17; S. 95
88 *die tageszeitung*, 6.2.1992
89 zit. nach *Klerikerstreit*, S. 228
90 *Propheten*, S. 25 f.
91 *Streit*, S. 13
92 *Mauern*, S. 48
93 *Weg des Herzens*, S. 61
94 *Glaubensbekenntnis*, S. 19
95 *Unsterblichkeit*, S. 40
96 *Glaubensbekenntnis*, S. 19
97 *Shiva*, S. 330
98 *Tiefenpsychologie II*, S. 457 f.
99 ebd., S. 459 (Hervorhebung K.P.L.)
100 ebd., S. 457
101 ebd., S. 343
102 ebd., S. 464
103 *Was verdient, Gott genannt zu werden?*, S. 61
104 *Tiefenpsychologie II*, S. 464
105 *Der kleine Prinz*, S. 54
106 *Freiheit*, S. 75
107 E. Lévinas, *Schwierige Freiheit. Versuch über das Judentum*, Frankfurt a.M. 1992, S. 80
108 *Weg des Herzens*, S. 61
109 »Es sind ganz entscheidend mythische Bilder, die an dieser Stelle die Erfahrungen der Menschen von Jesus von Nazareth als einer absoluten Person im Gegenüber des Abgrunds menschlicher Angst zu deuten versuchen. Wer wissen will, was diese Bilder besagen, der muß deshalb als erstes die Poetik des alten Ägyptens nachträumen, um zu verstehen, was alles ihm Jesus zu sein vermag.« (*Was verdient, Gott genannt zu werden?*, S. 62) Im Rückblick auf das oben Dargestellte, macht dieses Zitat deutlich, daß das ägyptische Verständnis Jesu direkt verbunden ist mit Drewermanns ungeschichtlichem Gottesverständnis.
110 *Der kleine Prinz*, S. 55 f.
111 *Tiefenpsychologie II*, S. 484-502
112 ebd., S. 502
113 *Trinitätslehre*, S. 142

114 *Barke der Sonne*, S. 155
115 E. Hornung, *Geist der Pharaonenzeit*, München 1989, S. 101 f.
116 J. Assmann, *Ägypten. Theologie und Frömmigkeit einer frühen Hochkultur*, Stuttgart 1984, S. 152
117 ebd., S. 42
118 *Barke der Sonne*, S. 116
119 *Unsterblichkeit*, S. 46
120 J. Assmann, a.a.O., S. 79
121 E. Hornung, a.a.O., S. 169
122 *Unsterblichkeit*, S. 46
123 *Zukunft*, S. 202 f.
124 *Unsterblichkeit*, S. 34
125 ebd., S. 52 ff.
126 *Freiheit*, S. 68
127 *Was verdient, Gott genannt zu werden?*, S. 64
128 Die historisch-kritische Bibelauslegung ist eine profane Form überlieferungsge- schichtlicher Literarkritik. Sie geht von der Disparatheit verschiedener Traditio- nen aus, die, schließlich zum biblischen Text redigiert, zusammenfließen. Sie be- tont die Verschiedenheit der Quellen. Die rabbinische Schriftauslegung geht von der Einheit aller biblischen Bücher aus. Kein Wort der Bibel ist ihr überflüssig, je- des sei mit Bedacht gewählt. Sie betont die theologische Gleichzeitigkeit und ge- genseitige Verweisungsstruktur aller Bücher.
129 *Tiefenpsychologie I*, S. 13 ff.
130 C.G. Jung, *Über die Archetypen des kollektiven Unbewußten*, in: *Bewußtes und Unbewußtes*, Frankfurt 1957, S. 14
131 G. Benn, in: E. Bloch, *Das Prinzip Hoffnung*, Bd. 1, Frankfurt 1969, S. 68
132 *Tiefenpsychologie I*, S. 15 f.
133 ebd., S. 260
134 C.G. Jung, a.a.O., S. 21
135 ebd., S. 39; *Zum Ganzen*, s.S. 25 ff.
136 *Tiefenpsychologie I*, S. 256
137 ebd., S. 257
138 *Spirale*, S. 199
139 ebd., S. 199
140 J.H. Hertz, *Pentateuch und Haftaroth*, Bd. 2, *Exodus,* Zürich 1984, S. 289 f.
141 M. Brumlik, *Die Gnostiker*, Frankfurt 1992, S. 302
142 *Tiefenpsychologie I*, S. 254
143 ebd., S. 258 f.
144 ebd., S. 186
145 ebd., S. 719
146 *Schock,* S. 20 f.
147 C.G. Jung, *Psychologischer Kommentar zum Bardo Thödöl. Das Tibetanische Totenbuch,* London, o.J., S. 26
148 *Schock,* S. 20 f.
149 *Schock,* S. 20 f.; *Tiefenpsychologie II*, S. 464
150 E. Bloch, a.a.O., S. 71

151 R. Girard, *Das Heilige und die Gewalt*, Frankfurt 1992, S. 174
152 *Markusevangelium I*, S. 343-351
153 Laotse, *Tao-te-King. Das Heilige Buch vom Weg und von der Tugend*, übersetzt von G. Dabon, Stuttgart 1979, S. 76
154 *Tiefenpsychologie I*, S. 262
155 ebd., S. 107 f.
156 ebd., S. 92-100
157 M. Eliade, *Kosmos und Geschichte. Der Mythos der ewigen Wiederkehr*, Düsseldorf 1966, S. 35
158 *Tiefenpsychologie I*, S. 105
159 ebd., S. 137
160 R. Girard, a.a.O., S. 141
161 *Der Babylonische Talmud*, Hrsg. L. Goldschmidt, Bd. 9, S. 470 (Aboda zarah 12a), Königstein 1981
162 *Tiefenpsychologie II*, S. 591
163 M. Warnke (Hrg.), *Bildersturm. Die Zerstörung des Kunstwerkes*, Frankfurt 1988, S. 84
164 *Spirale*, S. 14
165 ebd., S. 311
166 ebd., S. 314
167 *Reden*, S. 118
168 *Weg des Herzens*, S. 61
169 *Reden*, S. 43
170 ebd., S. 107
171 G.A. Craig, *Die Politik der Unpolitischen. Deutsche Schriftsteller und die Macht 1770-1871*, München 1993, S. 5; S. 155
172 *Markusevangelium I*, S. 344
173 *Weg des Herzens*, S. 18
174 *Spirale*, S. 132
175 Ph. Melanchton, *Loci Communes*, 1521, hrg. v. der VELKD, Gütersloh 1993, S. 167
176 *Markusevangelium I*, S. 274 f.
177 P. Lenhard/P. von der Osten-Sacken/Rabbi Akiva, *Institut Kirche und Judentum*, Berlin 1987, S.174-199
178 Hinzuweisen ist hier auch auf Jesu Übereinstimmung mit den Pharisäern in der Lehre von der Auferstehung (Luk. 20,27-40).
179 *Spirale*, S. 15
180 ebd., S. 172
181 ebd., S. 75
182 *Reden*, S. 48 f.
183 *Spirale*, S. 16
184 ebd., S. 379
185 *Weg des Herzens*, S. 73
186 *Unsterblichkeit*, S. 46
187 *Freiheit*, S. 74 f.
188 ebd., S. 75

189 ebd., S. 55
190 *Markusevangelium I*, S. 448
191 ebd., S. 442
192 ebd., S. 447
193 *Shiva*, S. 330
194 *Psychoanalyse*, S. 77; vgl. a. *Milomaki*, S. 40
195 *Shiva*, S. 330
196 ebd., S. 333
197 G. Benn, *Leben ist Brückenschlagen*, Würzburg 1965
198 H.G. Pöhlmann, *Der Gekreuzigte kommt nicht vor*, in: Folgen, S. 260; R. Schnackenburg, *Heil und Erlösung in biblischer Sicht*, in: Pottmeyer, S. 67
199 *Markusevangelium I*, S. 129-147; Milomaki, S. 44
200 *Milomaki*, S. 37
201 ebd., S. 36-40
202 *Psychoanalyse*, S. 72
203 *Markusevangelium I*, S. 142
204 ebd., s. 147
205 *Weg des Herzens*, S. 58
206 *Milomaki*, S. 37,41,43
207 *Unsterblichkeit*, S. 40; *Shiva*, S. 334
208 *Weg des Herzens*, S. 53
209 *Spirale*, S. 368
210 *Freiheit*, S. 78
211 *Tiefenpsychologie II*, S. 779

Literaturverzeichnis

Bücher und Aufsätze von Eugen Drewermann

»An ihren Früchten sollt ihr sie erkennen. Antwort auf Rudolf Peschs und Gerhard Lohfinks »Tiefenpsychologie und keine Exegese«, Olten/Freiburg 1988

Das Eigentliche ist unsichtbar. *Der kleine Prinz* tiefenpsychologisch gedeutet, Freiburg 1984

Das *Markusevangelium*, Bilder von Erlösung. Teil 1 und 2, Olten/Freiburg ⁴1989; ³1990

Daß alle eins seien. Predigten zwischen Himmelfahrt und Dreifaltigkeitsfest, Düsseldorf 1992

Dein Name ist wie der Geschmack des Lebens. Tiefenpsychologische Deutung der Kindheitsgeschichte nach dem Lukasevangelium, Freiburg 1986

Der Krieg und das Christentum. Von der Ohnmacht und Notwendigkeit des Religiösen, Regensburg 1982

Der offene Himmel. Predigen zum Advent und zur Weihnacht, Düsseldorf ⁴1991

Der tödliche Fortschritt. Von der Zerstörung der Erde und des Menschen im Erbe des Christentums, Regensburg ⁶1990

Der *Weg des Herzens*. Gewaltlosigkeit und Dialog zwischen den Religionen, Freiburg 1992 (mit Dalai Lama)

Die Botschaft der Frauen. Das Wissen der Liebe, Olten/Freiburg 1992

Die *Spirale* der Angst. Der Krieg und das Christentum, Freiburg ⁴1991

Die *Unsterblichkeit* der Tiere. Hoffnung für die leidende Kreatur, Olten/Freiburg 1991

Fragen an das *Glaubensbekenntnis,* Kevelaer 1992 (mit Hanna-Laurien)

Gespräche über die Angst, Gütersloh 1991 (mit Jürgen Jeziorowski)

Glauben in Freiheit oder Tiefenpsychologie und Dogmatik. Dogma, Angst und Symbolismus, Düsseldorf 1993

Gott der Natur − Gott der Offenbarung − Gegensätze? Zwischen *Shiva* und Christus, in: Theologie und Glaube, 1971, Heft 2, S. 320-335

»Heute muß die *Reformation* Revolte sein«, Publik-Forum-Dossier, Oberursel 1992

Ich steige hinab in die *Barke der Sonne.* Alt-Ägyptische Meditationen zu Tod und Auferstehung in Bezug auf Johannes 20/21, Olten/Freiburg 1989

Ich lasse Dich nicht, Du segnest mich denn. Predigten zum 1. Buch Moses, Düsseldorf 1994

Kleriker. Psychogramm eines Ideals, [8]1990

Laßt Euch die *Freiheit* nicht nehmen! Für einen offenen Dialog in der Kirche, Zürich 1993 (mit Herbert Haag)

Leben, das dem Tod entwächst. Predigten zur Passions- und Osterzeit, Düsseldorf 1991

Milomaki oder vom Geist der Musik. Eine Mythe der Yahuna-Indianer, Freiburg 1991

Noch sitzt der *Schock* tief, in Publik-Forum 1/1991, S. 20 f.

Psychoanalyse und Moraltheologie (3 Bde.), Mainz 1982-1984

Reden gegen den Krieg, Düsseldorf 1991

Religionsgeschichtliche und tiefenpsychologische Bemerkungen zur *Trinitätslehre,* in: Trinität. Aktuelle Perspektiven zur Theologie, hg. v. W. Breuning, Freiburg 1984

Sind *Propheten* dieser Kirche ein Ärgernis? (im Gespräch mit Felizitas von Schönborn), Zürich [3]1992

Strukturen des Bösen. Die jahwistische Urgeschichte in exegetischer, psychoanalytischer und philosophischer Sicht (3 Bde.), Paderborn 1988

Tiefenpsychologie und Exegese, Band *I:* Die Wahrheit der Formen. Traum, Mythos, Märchen, Sage und Legende, Olten/Freiburg [8]1990

Tiefenpsychologie und Exegese, Band *II:* Die Wahrheit der Werke und der Worte. Wunder, Vision, Weissagung, Apokalypse, Geschichte, Gleichnis, Olten/Freiburg [6]1990

Voller Erbarmen rettet er uns. Die Tobit-Legende tiefenpsychologisch gedeutet, Freiburg 1985

Von der Freiheit und Unfreiheit des Religiösen. Streitschrift, hg. von Kritische Katholiken Berlin, Berlin 1993

Was uns *Zukunft* gibt. Vom Reichtum des Lebens, Freiburg [4]1992

Was verdient, Gott genannt zu werden? in: Thomas Schweer (Hg.), Drewermann und die Folgen, München 1992

Wege der Befreiung sehen, Karlsruhe 1992 (mit Norbert Greinacher und Dorothee Sölle)

Wenn die *Mauern* Jerusalems fallen, in: Müssen wir an der katholischen Kirche verzweifeln? Hg. v. S. R. Dunde, Gütersloh 1993

Worum es eigentlich geht. Protokoll einer Verurteilung, München 1992

Wort des Heils – Wort der Heilung, 4 Bde., München 1993f.

Zeitreisen – Reisezeiten, Düsseldorf 1994

Zwischen Staub und Sternen. Predigten für Gottsucher, Düsseldorf 1991

Video:
Das Eis schmilzt. Eugen Drewermann – Ein Porträt. Video, Düsseldorf 1993

Bücher und Aufsätze über Eugen Drewermann

Barth, Hans-Martin: Gottes Wort ist dreifaltig. Ein Beitrag zur Auseinandersetzung mit der archetypischen Hermeneutik Eugen Drewermanns, in: Theologische Literaturzeitung, Leipzig 4/1988, Sp. 249

Der *Streit* um Eugen Drewermann. Was er glaubt, was er kritisiert und weshalb er gemaßregelt wird. Publik-Forum Dossier, Oberursel 1991

Eicher, Peter (Hg.): Der *Klerikerstreit.* Die Auseinandersetzung um Eugen Drewermann, München 1990

Fehrenbacher Georg: Drewermann verstehen, Olten/Freiburg 1991

Funke, Dieter: *Ewige Urbilder?* in: Katechetische Blätter, München 1988

Gaßmann, Lothar/Johannes *Lange:* Was nun, Herr Drewermann? Anfragen an die tiefenpsychologische Bibelauslegung, Lahr 1993

Gestrich, Reinhold: Eugen Drewermann – Glauben aus Leidenschaft. Eine Einführung in seine Theologie, Stuttgart 1992

Herrmann, Jörg: Zum christlichen Naturverhältnis. Thesen von Eugen Drewermann und Wolfgang Giegerich, in: Wege zum Menschen, Göttingen, 43. Jg./Heft 6/1991

Lohfink, Gerhard/Rudolf *Pesch:* Tiefenspychologie und keine Exegese. Eine Auseinandersetzung mit Eugen Drewermann, Stuttgart 1987

Lüdemann, Gerd: Texte und Träume. Ein Gang durch das Markusevangelium in Auseinandersetzung mit Eugen Drewermann, Göttingen
1992

Neuhaus, Dietrich: Der Schatten der Bilder. Versuch eines Protestanten, den Bildern ins Wort zu fallen, in: Einwürfe, Bd. 4, München
1987, S. 79-114

Pottmeyer, Hermann J. (Hg.): Fragen an Eugen Drewermann. Eine
Einladung zum Gespräch, Düsseldorf 1992

Scharfenberg, Joachim: Pastoralpsychologische Kompetenz von Seel-
sorger/-innen, in: I. Baumgartner (Hg.): Handbuch der Pastoralpsy-
chologie, Regensburg 1990, S. 135-152

Schmidt-Rost, Reinhard: Eugen Drewermann: Die Wiederkehr der Bilder oder die Religion auf dem Medienmarkt. Eugen Drewermanns therapeutische Theologie als Mittel der Privatisierung von Religion in der
Single-Gesellschaft, Information Nr. 118 der EZW, Stuttgart 1992

Schweer, Thomas (Hg.): Drewermann und die Folgen. Vom Kleriker
zum Ketzer? Stationen eines Konflikts, München [3]1992

Zander, Hans Conrad: Ecce Jesus. Ein Anschlag gegen den neuen religiösen Kitsch, Reinbek bei Hamburg 1992

Entschlüsselung der biblischen Stellenangaben

Das erste Buch Mose (1. Mos.)
Das zweite Buch Mose (2. Mos.)
Das dritte Buch Mose (3. Mos.)
Das vierte Buch Mose (4. Mos.)
Das fünfte Buch Mose (5. Mos.)
Die Psalmen (Ps.)
Jesaja (Jes.)
Ezechiel (Ez.)
Amos (Am.)
Maleachi (Mal.)
Das Evangelium nach Matthäus (Matth.)
Das Evangelium nach Markus (Mark.)
Das Evangelium nach Lukas (Luk.)
Das Evangelium nach Johannes (Joh.)
Die Apostelgeschichte (Apg.)
Der Brief an die Römer (Röm.)
Der erste Brief an die Korinther (1. Kor.)
Der Brief an die Epheser (Eph.)
Der erste Brief an die Thessalonicher (1. Thess.)
Der Brief an die Hebräer (Hebr.)
Der erste Brief des Johannes (1. Joh.)
Die Offenbarung des Johannes (Off.)